이경림 시집

시절 하나 온다, 잡아먹자

이경림 시집

시절 하나 온다, 잡아먹자

차 례

제 1 부

저 깊은 강 …………………………………… 8
담 …………………………………………… 9
쓸쓸함의 결혼식 …………………………… 10
무 덤 ………………………………………… 12
한떼의 기린들이 …………………………… 13
희망 혹은 …………………………………… 14
이글루 ……………………………………… 15
달리는 건물 ………………………………… 16
어이 가방! ………………………………… 18
내 속의 알함브라 ………………………… 20
아궁이 같은 ………………………………… 22
식 구 ………………………………………… 23
여자들 ……………………………………… 24
불충실한 귀납법 …………………………… 26
우우 저무는 저 건물들이 ………………… 28
비스듬히 …………………………………… 29
쓸쓸함의 집 ………………………………… 30

나0, 무너진 ················ 32
내 앞에 역광으로 ············ 34
땡볕 속을 걸어 ············· 35
햇볕이 이렇게 쨍 한데 ········· 36
고양이 한 마리 지나가네 ········ 38
암만 애써도 안되는 ··········· 40

제 2 부

후박나무 잎새 하나가 ·········· 42
가만히 있었다 ··············· 43
내가 사랑한 담요 ············· 44
더이상 나무가 아닌 나무들이 ····· 45
거짓, 포도 한 알 ············ 46
저승에 계신 아버지가 ·········· 48
그깟 술 몇잔에 ·············· 50
'끝'이라는 ················· 52
'열시 반'이라고 ············· 53
이제 닫을 시간 ·············· 54
토론토에서 ················· 56
장   마 ··················· 59
슬픔, 아무래도 ·············· 60

휘도는 골짜기 ………………………………… *61*
거대한 빵 ……………………………………… *62*
벼락치는 소리가 났다 ………………………… *63*
중얼거리다……………………………………… *64*
숨은 모녀 ……………………………………… *66*
리차드 기어가 웃고 있다……………………… *68*
여축시를 산 채로 ……………………………… *70*
보르헤스의 정원 1 …………………………… *71*
가　을 …………………………………………… *72*

제 3 부

집 한 채………………………………………… *74*
어머니, 지우신다 ……………………………… *75*
무덤에서 ………………………………………… *76*
보르헤스의 정원 2 …………………………… *78*
춤추는 사과 …………………………………… *80*
죽은 나무들의 사회 …………………………… *82*
바벨의 도서관 ………………………………… *83*
표류, 또는 빗금 ……………………………… *84*
저 햇빛 ………………………………………… *86*
氣泡 속으로 …………………………………… *87*

너무 고요하다 ……………………………… *88*
풋것처럼 ………………………………… *89*
영롱한 아침 ……………………………… *90*
지저귀다 ………………………………… *91*
아아 삶이 ………………………………… *92*
상처들은 나무마다 환하다 ……………… *94*
물끄러미 ………………………………… *96*
돌 ………………………………………… *98*
자갈길을 ………………………………… *99*
사람 지나간 발자국 ……………………… *100*
그러나 …………………………………… *101*
꿈, 바다, 여인들 ………………………… *102*
그의 무덤에 ……………………………… *103*
욕조에서 ………………………………… *104*
구 멍 …………………………………… *106*
항구로 가는 사거리에는 ………………… *107*
加恩이라는 ……………………………… *108*
안동 가고 싶다 …………………………… *110*
中山經 …………………………………… *112*

해 설 ………………………김 정 란·*113*
후 기 ……………………………………*131*

제 1 부

저 깊은 강

저 타오르는 나뭇잎들
힐끗 돌아다보는 바람

(몸은 산천처럼 깊고 생각 물안개처럼 나직하다)

지금 누가 실바람으로 잔가지를 지나간다
지금 누가 저 황원에서 쓸쓸히 노래하고 있다

저 아래 줄지은 아파트 사이, 파도치는 노래들
쇠창살을 울리며 쇠난간을 때리며
울려퍼지는 클랙슨 같은

꽃 피우지 않는 나무들이
그늘에서
깊은 제 몸에 빠져 있다

담
저 건물 1

저 건물은 속이 없다 온몸 고만고만한 돌들로
빼곡한 저 건물은 언제부터 저기 서 있었을까?
안인 것도 같고 밖인 것도 같은
저 괴상한 건물이 인가 근처에 서 있게 된 것은
언제부터일까? 도무지 피가 돌지 않는
들어가 발 뻗을 자리 하나 없는
햇빛 들 창 하나 없는
수세기 자꾸 키만 키우는, 다만
길이요 높이요 두께인
그저 완강한 아집인

(저것도 과연 건물일까?)

불 밝힌 진짜 집들을 가리고 서서
길을 막으며 길을 만드는 저런 괴건물들이
집집마다 빙 둘러 스크럼을 짜고 있는
이곳에서

쓸쓸함의 결혼식

　시 쓰는 쓸쓸함과 책 만드는 쓸쓸함이 결혼식을 한대서
갔었지요 도처에 흩어졌던 쓸쓸함들이 버스를 타고
전철을 타고 관광버스에 실려 속속 도착했지요
쓸쓸함의 나무들이 툭툭 이파리를 떨구는 숲에는
늙은 쓸쓸함 젊은 쓸쓸함 소설 쓰는 쓸쓸함 시 쓰는 쓸
쓸함
　비평하는 쓸쓸함 섬에서 온 쓸쓸함 항구에서 온 쓸쓸함
지금 막 컴퓨터 앞을 벗어난 쓸쓸함 거두절미
울긋불긋 숲속 같은 쓸쓸함들이 웅성거렸지요
어떤 쓸쓸함이 「그리운 시냇가」라는 축시를 낭송할 때
쓸쓸함은
　절정에 달했지요 흰 드레스와 검은 예복을 입은
한쌍의 쓸쓸함이 색동의 쓸쓸함을 즈려밟고 퇴장했지요
쓸쓸함들이 아수라장이 된 식당에서 쓸쓸함들은 국수다
발 같은
　쓸쓸함을 훌훌 마시고 서로의 쓸쓸함을 훔쳐보다가
멋쩍은 듯 피식 웃다가 물으나마나 한 안부나 물어보다
가 그만 와그르르 쓸쓸함이 터져버리다가 더이상
　쓸쓸함의 희망이 없어지자 슬금슬금

집들로 돌아갔지요 그제서야 부모에게 폐백을 마친 쓸쓸
함
　둘이는 홍조를 띠고 오색 풍선을 단 쓸쓸함을 타고
　신혼여행을 갔지요 지독한 쓸쓸함의 섬으로 간다나요
　쓸쓸함의 하루가 서천에 걸리데요 쓸쓸함의 눈시울이
　버얼개지더니 순식간에 어두워지데요
　숲속 같은 쓸쓸함들이 빈 의자마다 가득하데요

무 덤
저 건물 2

네가 마지막으로 짓고 들어앉은 그 건물
뾰족하고 파릇한 질문들로 둘러싸인
아니 뾰족하고 파릇한 대답으로 둘러싸인
아니 아니 대답 질문 몽땅 그저 파릇한

둥그런 지붕의
방수 방한 완벽한
한번 들어가면 다시 나올 수 없는
완벽한 자폐의
완전 개방의

한떼의 기린들이
저 건물 3

한떼의 기린들이 불을 켜고 서 있다
긴 목이 온통 유리창인
식도가 다 비치는
기린들이 우두커니
서 있다

풀 한포기 없는 모래사장에 발등을 묻고
앞의 어둠 뒤의 어둠 옆의 어둠에 낑겨
먼데 어둠을 본다

온몸 불밝힌 기린들이
雨後竹筍처럼 솟아오르는
해 떨어진 이 사막

희망 혹은
저 건물 4

저 나무는 허공이 집이다
보이지 않는 것들 속에 꼭 제 몸만한 홈을 파고
고즈넉이 들어앉은 것들
고물거리는 것들을 에워싸고 같이 고물거리는
물컹한 건물들을 보았는가?
뛰거나 걷거나 앉거나 서거나 날아다니는
크고 작은 겹겹의 건물들
부지런히 숨쉬며 울거나 웃거나 잠들거나
나가거나 들어오거나 집 속에 자꾸 집을 짓는
저 어른거리는 건물들

이글루

전화 건다 시시때때로 건다
받지 않는다 마음 구겨진다
저편 신호음이 메아리치는 방에서 구겨진 마음들이
손을 젓는다. 이봐요 커피나 한잔…… 이봐요
빌어먹을! 나는 결정적으로 마음을 동댕이친다

굿모닝!
허공씨 지금 나는 당신을 버렸지. 하지만 당신
내 마음은 오늘 꼭 당신을 만나고 싶어, 이해해요?
사실…… 난…… 다만 당신을 만나고 싶어, 사실……
난 그냥 당신 만나고 싶어…… 하릴없이…… 휘적,
당신…… 만나고…… 싶어…… 봄바람같이…… 어슬렁……
신호음같이…… 빈방같이……

따르릉
따르르릉
따르르르르르르르르릉

끝없이,
저편, 궁창 속 빈방이 울린다

달리는 건물

오늘도 하루종일 이 길 위에 있었다
출발점과 종착점이 빤한 그 위에서 밀리고
끼어들고 부딪치며 또 하루 넘겼다 신호등
앞에서 동동거리며 지루한 사거리를 건넜다
배경은 언제나 일정하였다 붙박힌 건물들,
남루한 나무들 그 사이 들락거리는 이름 모를
시간들 나뭇잎 사이로 기웃거리는 낡은
햇살들 그 사이 더러운 옷을 입은 새들
번쩍거리는 간판들 그 밑으로 난 수많은
문들, 문에 끼어 있는 꼭 문만한 어둠……
사이를 경적을 울리며 직진하고 휘돌았다
정거장마다 많은 생각들이 오르내렸다
내 속에는 언제나 생각들이 우글거렸다
늙은, 젊은, 흰 손수건을 단 어리고 귀여운,
혹은 병든 생각들이 낡은 의자에 앉거나
천정 손잡이에 달려 흔들거렸다 어두워지면
나는 속에 불을 켜고 달렸다 그럴 때면 내 안의
온갖 생각들이 문득 환해졌다 사람들은 아마
달리는 내 속에서 크고 작은 보퉁이를 그러안고 있는

환한 생각들을 보고 '아련하다'는 말을
떠올리리

어이 가방!

길을 건너는데 등뒤에서 누가
어이 가방! 하고 불렀다
가방장사 삼년에 그는 비명 한번 못 지르고
가방이 되어버렸다

서류가방이 지나간다
류색이 지나간다 여행용 트렁크가 굴러간다
어슬렁 악어가 지나간다 보도를 쿵쿵 울리며 들소가
뛰어간다 유모차를 끌고 구렁이 한 마리 지나간다

횡단보도를 가로질러
사용처가 분명치 않은 가방 하나가
신호가 바뀌는 줄도 모르고 비척 온다
사방에서 호르라기 소리

똔똔 삐삐 어디론가 타전하며 여, 여보세요
지퍼가 고장났다니까요 걸을 때마다
속이 줄줄 새요, 손잡이가 떨어져서 들 수도
없다니까요 자꾸 실밥이 뜯어져요

납작한 둥그런 정육면체의
슈트케이스 서류가방 마약밀매 가방
시체운반 가방……
어느 궁창에서 다 떨어진 가방 속을
하염없이 들여다보고 있는 늙은 수선공
고장난 지퍼 고칠 엄도 못낸 채
'어느 걸 내다 버릴까?'

내 속의 알함브라
저 건물 5

내 속에 궁전 하나 있네
사이프러스 나무 숲에 둘러싸인 궁전,
도리아, 이오니아, 아랍 양식……
온갖 화려한 양식의 기둥들이 줄지어 선 긴 회랑, 사이
주인인 왕의 방과, 너무 아름다워 목이 떨어질 천정의
내 방도 있네
이승에서 한번도 못 본 호사스런 아들 살다 갈 아름다운
방들도 있네
벽면에 징그럽도록 정교한 음각을 하고
홍보석 같은 왕의 아이들 폴짝거릴 둥그런 정원도 있네
그 가운데 열두 마리 사자는 물기둥을 뿜어올리네
허공 가득 줄장미가 번지는 궁전,
구석구석 물그림자가 한 동리를 이루는 궁전,
그 물소리 천년 그치지 않는 궁전
아무렴, 나 지금 백지수표로도 바꿀 수 없는
한 육백년 묵은 궁전 하나 가졌네

그러나 나는 정말 몰랐네
그 밑이 지하 감옥인 것을!

미로들이 무섭게 뒤엉킨 거대한
감옥인 것을

아궁이 같은

우울이 쳐들어온다
불꺼진 아궁이 끝, 끝으로 바람 분다
낮게 뒤척이는 휴지조각 같은 것
다 깨진 굴뚝으로 시커먼 우울이 피어오른다
그 밑으로 이따금 아이가 울고
왁자하니 바람이 지나가고
개 같은 것 어슬렁거린다
어떤 빨판이 그것들을 꽉 잡고 있다

아궁이 같은 우울이 쳐들어온다

식 구

제 몸이 의자인지도 모르고
옹기종기 모여 있는 의자들과
탁자인지도 모르고 그 가운데 넙적
엎드려 있는 탁자와 장롱인지도 모르고
속에 온갖 것 담고 투박하게 기대 있는 장롱과
침대인지도 모르는 침대와 TV인지도 모르고
중얼거리는 TV와 벽인지도 모르고 허공에
칸을 질러대는 벽들과, 그 벽 속의 물소리와
지붕인지도 모르고 그 위에 수굿이 덮혀 있는
지붕과 그 밑 조그만 화분에 발 오그리고
아슬히 피어나는 제 몸이 꽃인 줄 모르는 꽃들과
그 사이를 왔다갔다 하는 저 들숨 날숨의

그 속에 캄캄하게 뜨고 지는 햇덩이와
새벽녘 저 혼자 후둑후둑 지는
제 몸이 별인지도 모르는 별들과

그것들 한아가리에 넣고 언젠가 콱
입 닫을 악어 한 마리!

여자들

   양털카펫이 된 여자가 방안 가득 깔려 있다
탁자가 된 여자 앞에 그는 의자가 된 여자를 깔고 앉아
  신문을 보고 있다 옷걸이가 된 여자의 두개골을 덮으
며 그의 옷이 걸려 있다 커튼이 된 여자가 주름을
  드리우며 쳐 있고 액자가 된 여자, 알 수 없는 색깔들로
  뒤범벅이 된 채 걸려 있다
  텔레비전이 된 여자가 쉼없이 푸르스름한 말들을
  중얼거리며 켜져 있다 책장이 된 여자 속의 수많은 書册
들 먼지를 쓰고 있다 일제히 갈피가 되어 일렬횡대로

     그는 천천히 일어서서 침대로 간다 침대가 된 여자
   위에 벌렁 눕는다 베개가 된 여자를 베고 홑이불이
된 여자를 덮는다 담배가 된 여자에 불을 붙인다
  바알갛게 타는 그녀를 천천히 들이마신다
  연기가 된 여자, 허공에서 맴돌다 흩어진다
  그는 피곤하다는 듯 전등이 된 여자를 끈다

   그의 잠 밖으로 의자가 걸어나온다
    탁자가 걸어나온다 침대가

옷걸이가, 커튼이, 액자가 걸어나온다
　그것들 주섬주섬 한 여자가 된다 컴퓨터 앞에서, 그 여자

컴퓨터를 켠다 그자의 잠 밖에서 비로소 말이 되는 말들이 깜박거린다 그녀, 밤새 열에 들떠 중얼거린다 의자가, 탁자가, 옷걸이가, 카펫이, 침대가, 밤새

불충실한 귀납법

여덟살 봄, 갑자기 검은 구름이 솟구쳐오르더니 비가 내렸다
열세살 봄, 문득 검은 구름이 솟구쳐오르더니 비가 내렸다
열아홉살 봄, 검은 구름이 솟구쳐오르더니 비가 내렸다
스물두살 봄, 검은 구름이 솟구쳐오르더니 비가 내렸다
스물아홉살 봄, 검은 구름이 솟구쳐오르더니 비가 내렸다
서른세살 봄, 검은 구름이 솟구쳐오르더니 비가 내렸다
서른아홉살 봄, 검은 구름이 솟구쳐오르더니 비가 내렸다
마흔다섯살 봄, 검은 구름이 솟구쳐오르더니 비가 내렸다

    빗속에서 초경을 하고
    빗속에서 결혼식을 올리고
    빗속에서 아이를 낳고
    빗속에서 자궁을 들어내고
    빗속에서 시인이 되고
    빗속에서 시집을 내고 빗속에서
    ………

아아 검은 구름이 문득 솟구쳐오르면 빗속에서!
중얼거리며 저 혼자 흘러가는 시절아

우우 저무는 저 건물들이

해를 뒤통수에 찍은 건물들이 한 줄로 서서 저무네
가슴에 옆구리에 발치에 온몸에 열 수도 없는, 썬팅한
창뿐인 저 건물들, 모서리가 조금씩 닳은 것들이
속에 끝없이 계단을 가진 것들이 저무네
저무는 것들 속에서 저물지 않는 불빛을 가진 것들이
저무네 아니 핀다고 해야 할까?
저 건물들이 피네 세계는 각진 딱딱한 꽃밭이네
아니 울부짖는다고 해야 할까? 저 꽃들이 울부짖네
온몸이 밀폐된 아가리인 꽃들이 아니 사자가
울부짖네, 닫힌 아가리를 허공에 눌러박고

저무네 울부짖네 피네
의혹처럼
한 줄로 서서

비스듬히

날다 공중제비를 하다
빙빙 돌다 쬐그만 날개를
탕탕 퉁기다 먹구름 속으로
들어가다 나오다 멀뚱 제자리에서
그저 퍼덕이다

씩 웃다 질질 짜다
생용천을 하다 둥그런 항아리
벽에 부딪히다

나무꼭대기는 바람에 쏠리고
햇빛은 눈을 콕콕 찌르고
건초더미는 하염없다

쓸쓸함의 집

(삼십촉 전구 속으로 아버지 들어오신다
아이들 주린 배 잡고 잠들어 있다
흐린 앞날은 산비탈처럼 기울었다, 그 비탈에
돌개바람 분다 판잣집을 둘둘 감고 간다
식구들 아랫목으로 윗목으로 나동그라지며
아우성이다 열여섯의 내가 이리저리 몰린다
어엄마)

삼십년 전 허기가 지악스레 꿈길 물고 늘어진다
더블침대에 누워도 꿈은 늘 주린다
이상도 하지 굶주림의 속이 왜 그리 환한지
선잠 깨 두리번 판잣집 찾는 이 쓸쓸함

오늘, 쓸쓸함의 집에는 미니 물레방아
행운목, 홍화보세라는 중국蘭, 컴퓨터, 전자레인지…
미미의 집처럼 없는 게 없어도
돌개바람 속 함께 뒹굴던 것들 없다
행운목은 가짜 행운만 잔뜩 부려놓는다
잔뜩 부푼 쓸쓸함만 부려놓는다

공기처럼 가벼워져
숨쉴 적마다 기관지로 들락날락하는
보이지 않는 집들이
자고 새면 다투어 층수를 올리며
쓸쓸함의 단지를 만드는
이 쓸쓸함들의 凍土에서

나0, 무너진

콘크리트 건물에 깔려 죽은 나1
   철근에 옆구리가 꿰진 나2
떡시루 같은 벽돌 사이에 낑긴 나3, 4, 5
    (살아 있는가? 살았으면 벽을 두드려봐)
대답없는 나6, 7, 8…………

   지하에서 허리까지 물에 잠긴 나
     15, 16, 17…………
용접공들이 길을 만든다 불꽃이 튄다
   길 아닌 것들이 길이 된다 이윽고
팅팅 붇은 나21, 22, 23, 24…………
필사적으로 좁은 구멍을 빠져나온다
    저기 걸레 창고 속에 나100, 101, 102, …………가
갇혀 있어요 피투성이의 나25, 모깃소리로 중얼거린다
   독가스가 꽉 찼어요
     거기 나………… 이 죽어가거나
죽었을 거예요

지켜보던 나0 지겨운 듯 리모콘을 누른다

나………… 깔린 채 후루룩
리모컨 속으로

내 앞에 역광으로

서 있는 그의 어두운 몸을 내 눈이
구석구석 만지고 있네
그의 그림자는 내 아랫도리를 통과해
어떤 담장에서 꺾이네
꺾인 담인 그
의 그림자가 지나가는 사람들의 허리를
두 동강 내네 아랫도리가 없는
지나가는 사람인 그
의 그림자가 꽃사과나무에 기대네
꽃사과나무 줄기가 지워지네
꽃사과나무 아랫도리가 된 그
정수리에 수없는 뿔가지를 이고
쏟아질 듯 무거운 이파리를 쓰고 있네
역광 속의 까만 꽃사과들은 허공의 구멍이네
구멍 사이 어둠이 구만리 장천이네

땡볕 속을 걸어

동생과 나 땡볕 속을 종일 걸어 산을 오릅니다
워낙 말수가 적은 그는 아주 입을 다물었고
날 때부터 울보인 나는 온몸 울음으로 젖습니다
그곳에 이르자 그는 느닷없이 둥그런 등성이가 되었고
나는 그에 기대어 우는 하염없는 울음이 되었습니다
하기야 어쨌거나 먼저 눕는 것들에 기대어 울게 마련이지만
뻔한 속 알면서도 웬 눈물은 주책없이 沼를 만듭니다
앞산 울음에 대꾸하던 뻐꾸기 한 마리, 푸덕 날아
몸 보여줍니다 생각보다 너무 작은 것이
고 작은 울음이 온 산 울리고 그래도 모자라 골짜기
건너갑니다 이 골 저 골 다니며 둥그런 집 짓습니다
그 속에서 엉겅퀴들은 친친 감기고, 아카시아 가시나무
굴참나무 온갖 뿌리 깊은 것들이 얼크러집니다
최루연기 같은 햇살 하나가 아득히 골짜기 휘돕니다
몸 어디에 숨겼는지 그는 없고 울음 사이
아득한 것들만 차오릅니다

햇볕이 이렇게 쨍 한데

너 지금 거기서 무얼 하고 있니? 어제는 섬에 갔었어
가서 파도치는 젊음들을 보았어 뜨거운 모래사장
죽은 듯 묻혀 있는 조개껍데기를 보았어 등때기에
가는 칼금이 수없이 그어진 그것들이 뱃속까지 모래를
먹은 그것들이 발바닥을 꼭꼭 찌르는 해변을 걸었어
역광 속의 젊음들이 부둥켜안은 채 자꾸 지는 해 쪽으로
구부러지는 것을 보았어 그래 순식간에 숯검둥이가 되는
일몰의 섬에 갔었어 햇볕이 이렇게 쨍 한데 너 지금
거기서 무얼 하고 있니? 그제는 하루종일 길 위에 있었어
길은 자꾸 구부러져서 나는 몸이 뒤틀렸어 수천개의 해가
한꺼번에 뜨고 꽃들이 지랄스럽게 피어올랐어 꽃향기에
취한 사람들이 비틀거리며 죽어가도 히죽거리며 다시 피는
꽃들, 해가 지지 않았어 나는 짓이긴 꽃물로 세수를 하고
기도했지 하느님 저놈의 해 좀 거두어주소서, 서, 서히,
다시 해가 떠올랐지 말할 수 없이 징그러운 꽃들이 척척척
행군하고 있었어 무서웠어, 햇볕이 이렇게 쨍 한데 너
거기서
무얼 하고 있니? 삼일 전에는 물보라가 충천하는 마을에
갔었어 물방울에 뒤덮인 이파리들이 수증기를 피워올리고

사람들은 무지개 위를 걸어다녔어 아이들의 얼굴에 뜬 슬픈
무지개! 무지개에 깔려 죽은 사람들을 보았지 층층이 무지개떡
같은 세상을 보았어 햇볕이 이렇게 쨍 한데 너 지금 거기서
무얼 하고 있니? 나흘 전에는 사라진 송장메뚜기들의 숲에
갔었지 없는 송장메뚜기 떼들이 어찌나 푸드덕거리는지
귀가 따가울 지경이었어 온 들이 송장메뚜기로 가득한데
거기서 나는 한 송장메뚜기를 사랑했어 *ㄲㄲㄲㄲ* 웃는 송장메뚜기
ㄲㄲㄲㄲ 우는 송장메뚜기 *ㄲㄲㄲㄲ ㄲㄲㄲㄲ*…… 슬픈 송장메뚜기
햇볕이 이렇게 쨍 한데 너 지금 거기서 무얼 하고 있니? 사실은
아무-데도 가지 못했어 뿌연 사무실 구석에 앉아 있었어
컴퓨터처럼 복사기처럼, 의자에 앉은 죽음처럼

고양이 한 마리 지나가네

책가방들이 삼삼오오 아이들을 업고 가네

고양이 한 마리 지나가네

새빨간 입술 하나가 택시를 싣고 가네

고양이 한 마리 지나가네

허름한 잠바와 붉은 넥타이가 어떤 목을 끌고 가네

고양이 한 마리 지나가네

쇼케이스들이 물끄러미 수십개의 눈을 움켜쥐고 가네

고양이 한 마리 지나가네

나뭇잎이 허공을 흔드네

사람들을 짓이기며 길이 지나가네

엎드린 파리떼 위로 살이 통통 찐 오색 쓰레기통이 날아다니네

악취가 거대한 코를 끌고 가네

고양이 한 마리 지나가네

암만 애써도 안되는

거지 같은 것 붙잡고 낑낑거렸다 보리개떡 같은
시꺼멓고 둥그스름한 것 씹으며 한시절 잘 견뎠다
누가! 저 시퍼런 물살 건네주랴
하릴없이 나 물가장자리에 발 담그고
흘러오고 흘러가는 물줄기나 본다
건너편 숲은 너무 검고
급한 물살은 산의 발목을 깎는다
발목 시린 산, 아픈 산, 사색이 된 산

허기진 날 먹던 보리개떡 같은
저 검은 산 위에 흩뿌려놓은 새털구름 같은
으깨진 뻥튀기 같은 것 잡고
또 한시절 잘 견딘다

제 2 부

후박나무 잎새 하나가

후박나무 잎새 하나가 내 사랑이네
저 후박나무 그림자가 내 사랑이네
그 흔들림 너머 딱딱한 담벼락이 내 사랑이네
온갖 사유의 빛깔은 잎사귀 같아
빛나면서 어둑한 세계 안에 있네

바람은 가볍게 한 생의 책장을 넘기지만
가이없어라 저 읽히지 않는 이파리들
그 난해한 이파리가 내 사랑이네
사이사이 어둠을 끼우고 아주 잠깐
거기 있는 나무가 내 사랑이네

흔들리거나 흔들리지 않는 저 후박나무!
넙적한 이파리가 내 사랑이네
그 넙적한 그림자가 내 사랑이네

가만히 있었다

아무것도 하지 않고 뒹굴뒹굴
있었다 바닥에 등때기를 댔다 배를 댔다
쩔쩔매며 있었다 전화 한통 오지 않았다
(다들 죽었나?)
전화 한통 하지 않았다
벽 뒤에서 누가 싸웠다 야 이 새끼야
니가 나한테 그럴 수 있어? 천벌을 받는다 이 새끼야
벽은 꿈쩍도 않는다 그 속에서 물소리 들린다
물이 스며드는 것이 보인다 벽이 젖는다
벽시계가 운다 척척 간다 뚜벅
천정에서 발소리가 난다 철컥
문이 잠긴다

위이이이이이이이이이이이이이이이이…… 잉

엘리베이터를 타고
무언가 올라오고 있다

가만히 있었다

내가 사랑한 담요

내가 사랑한 건 그 남자
가 아니라 담요였네 언 몸 녹여주던 담요!
그것의 부드러움 그것의 휘감김 그 가벼움을
사랑했네 그 밑의 따스함 그 밑의 어두움 그 밑의
은밀함 그 알몸 덮어버리는 폭력!

정말 내가 사랑한 건 그 담요
가 아니라 그 남자 담요 같은 남자
잠자리 같은 남자 보일 듯 말 듯 무슨
경계 같은 남자 시절 같은 남자 속
없는 남자 속 있는 남자 그러나
그냥 끝없이 담요인

더이상 나무가 아닌 나무들이

더이상 가지가 아닌 가지들을 자꾸 뻗는다
더이상 숲이 아닌 숲이 취해 비틀거리고
더이상 별이 아닌 별들이 빛난다

우리는 전철을 타고 더이상 우리가 아닌
우리에 관하여 말하고 싶지 않았다
장님 부부가 찬송을 부르며 지나간다
찬양합시다 다같이!
북새통의 이 찻간을!
땀내에 절어! 소리없이! 끊임없이!

어둠이 엎질러진 창은 더이상 우리가
아닌 우리의 모습을 되쏘이고
밖에는 허공에 매달린 나무들이 일렬횡대로 실려간다
더이상 우리가 아닌 우리와
등 마주 비비며 간다
가짜 꽃들이 뿌연 밤

거짓, 포도 한 알

먹는다, 포도 한 알의 알맹이 지워진다
껍질 하나가 눕는다 또 한 알 먹는다
포도 두 알의 알맹이 지워진다
두 개의 껍질이 쌓인다 또 한 알 먹는다
포도 세 알의 알맹이 지워진다
세 개의 껍질이 쌓인다 또 한 알 먹는다
네 개의 알맹이 지워진다
또 한 알, 또 한 알
먹는다 다섯 여섯 일곱 ······················
의 알맹이가 지워지고 ················의
껍질이 쌓인다 포도,
　　　·······························를 먹으면
　　·················의 알맹이는 사라진다
　　　···························의 껍질만
쌓인다 ······························이제
··의
알맹이는 없다·······························
··
··의

껍질들만 산이 된다

오
껍질산
없는 포도알
의 산! 쭈그러진
진실들의 산! 거짓산!
까만 궁륭들의 산! 산! 산!

저승에 계신 아버지가

　——아가 해가 중천에 떴는데 여태 무얼하고 있느냐
　아버지 여긴 아직 밤중이에요 꿈이 너무 깊어 눈을 뜰 수 없어요
　집채만한 이무기들이 꼬리에 꼬리를 물고 춤추고 있어요
　천정은 온통 박쥐들의 세상이에요 끼루룩
　바퀴벌레들이 벽을 타고 흘러내려요

　——아가 네 에미가 상 차려놓고 기다린단다 어여 일어나거라
　아버지, 여긴 매일 밤중이에요 날이 새지 않아요
　누가 그곳에 해를 잡아 매놨나봐요
　어둠이 너무 부셔서 눈을 뜰 수 없어요
　저기 보세요 어둠속에서 바퀴벌레들이 강이 되어 흐르네요
　그 위에 긴 호리병에 갇힌 시절들이 떠내려가네요
　강변 미루나무는 미친 듯 반짝이고
　허공에 걸린 벽시계가 쉴새없이 키보드를 두드려요
　장관이에요

　——얘야 네 애인이 문밖에서 기다린단다 어여 일어나거라

아악, 아버지 이무기가 발을 무네요
내 발이 조금씩 지워져요
다리가 팔이 몸뚱이가 목이 지워져요
아아 어둠속에 몸뚱어리 없는 사람들의
눈 코 입이 떠다녀요
무서워요 아버지

그깟 술 몇잔에

나는 왜 그토록 취했을까
아무리 생각해도 모를 일이네
집채만한 그리움의 지붕 밑에서 다만
술 몇잔 마셨을 뿐인데, 술
몇잔 속에서 잠시 放聲大哭하였을 뿐인데
취한 것들이 이리 비틀 저리 비틀 하는 꼴
물끄러미 보았을 뿐인데
술 몇잔 속에서

그 지붕 밑, 사람들은
삐걱거리는 나무의자 위에서 기우뚱
이야기를 하거나, 꾸역
술을 마셨네 고함을 지르거나,
남의 살을 구워 먹었네,
노래를 부르거나, 욕지거리를 하거나,
싸움을 하거나, 하거나…… 했네, 나는 그저 술
몇잔 속에서 그것들 바라보았네
담배연기 속에서, 고기 타는 냄새 속에서,
뿌옇게 흔들리며 흘러다니는 것들

보았네 아비규환의 그리움을
보았네 느닷없는 나의 방성대곡을
보았네 집채만한 그리움의 지붕이
확, 날아갔네

'끝'이라는

인간을 만나고 오는 길은
마주치는 것마다 절벽이다
사방 절벽인 집들, 삐쩍 마른 절벽인 전봇대
중심에 절벽을 숨겨놓은 나무들
벌렁 드러누운 절벽이 길인 줄도 모르고
그 위에 삼라만상이 엎드려 있구나 그림자를 뒤틀며
자꾸 미끄러지며 어디론가 기어오르는 저 햇빛들
밤낮 전봇대 부둥켜안고 우는 전선 아래
골똘한 항아리들이, 둥그런 낭떠러지들이 간다
길 끝으로 간다 바람 속에서
이파리들은 끝이야!
끝이야, 나부끼고 어느날, 드러누운 길이
벌떡 일어난다 눈 깜빡할 사이,
위에 얹힌 세상이 미끄러진다

주루루루루루루루루루루루루루루루루루

흘러내리는
저 오만 잡것들

'열시 반'이라고

'열시 반'이라고
전철 플랫폼의 시계가 말했다
우리는 방금까지 열변을 토하던 이야기의 여운에서
미처 깨어나지 못해 자꾸 머뭇거렸다
나는 '가야 할 시간'이라고 말했다
전철이 방울뱀처럼 샛바람을 일으키며 들어왔다
순식간에 나는 그것의 먹이가 되었다
그때 나는 아주 짧은 순간
그와 나를 잇고 있던 어떤 끈이
'퉁'
소리를 내며 끊어지는 것을 보았다
어떤 기둥에 몸이 지워진 그의 한쪽 팔이
허공에서 흔들거리고 있는 것이 보였다
기우뚱, 거대한 기둥이 한굽이 돌았다

흑장미 이파리가 소란스럽게 흔들렸다

이제 닫을 시간

나를 닫고
너를 닫고
고통도 닫고
고통 위에 짙푸른 억새들도 닫고
해질녘 미친 듯한 시장기도 닫고
일생 문밖에서 서성거리던 발소리도 닫고
돌아서자, 돌아서 뚜벅 저 어두운 골목을 빠져나가자
사방 치맛자락 붙드는 빈집들 돌아보지 말자
저 초경 같은 이야기들도 돌아보지 말자
생은 천천히 마시는 술 같은 것
돌아볼수록 발목 잡히는 것

너와 나를 닫고 나니 문득 보인다
고통이 얼마나 짙푸른 두엄이었는지
그 꼭대기 사철 푸른 억새는
얼마나 날카로운 이빨을 가졌는지
절망의 자물쇠는 얼마나 완강한지
시장기에 지친 것들이 왜 자꾸 늪 쪽으로 걸어가는지

이제 돌아서자
닫힌 문들을 업고
아우성치는 골목을 돌아
미친 듯 붉은 시장기를 지나
가자
캄캄한 골목 끝 깍아지른 벼랑으로
흑장미 같은 어둠들이 툭툭 피어오르고
보이지 않던 것들이 바위처럼 뚜렷한
버려진 시들이 움찔움찔 피어나는
버섯 같은 꿈들이 튼튼한 지붕을 이루는
그곳으로

토론토에서

참 이상도 하지 산다는 거, 한밤중
고막을 찌르는 앰뷸런스 소리에 문득 깨어
여기가 이승이냐 저승이냐 어리둥절
몸과 마음이 엉겨붙어 뒹군다 창밖으로
칠흑 같은 異國의 어둠을 빽빽히 누비는 細雪……
지금쯤 백주의 서울, 겨울 어느 모퉁이를 배회할 너
그러나 배회하는 것이 어디 너뿐이랴
고통은 그리움을 사랑은 배반을
골통은 염통을 끊임없이 배회하지……

그것들은 몇 생 전 아니 그전부터 흘러오고 흘러갔다
빠르게 느리게 쿨렁거리며 소용돌이치며
바다 모를 깊이가 되었다 몇 생이라니?
참으로 끔찍하구나, 생각나니? 그때
내가 그 아름드리 팽나무 이파리 위에 한 마리 달팽이였을 때
그래 네가 더운 숨길 혹혹 뿜어내는 팽나무 이파리였을 때
夢寐한 햇빛은 시도 때도 없이 쏟아지고

너의 더운 김이 순식간에 허공으로 빨려들 때
이파리 사이로 문득 내려앉던 무지개!
나는 아주 가는 숨까지 네게 다 맡기고
염통이 말갛도록 깊이 잠들었지

참 이상도 하지 산다는 건
마알간 잠의 밑바닥에는 바닥 모를 우물이 파이고
고통과 사랑과 그리움과 배반과……,
진짜들은 늘 허공에서 머리채를 휘어잡는다
자학과 편집증과 불안 신경증과 항히스타민과
아티반과 루미날만이 위대한 생을 끌고 간다
정말 이것이 생일까?

저기 어둠 뒤에서 거세된 아이들이 촛불처럼 타오른다
조막만한 북을 두드리며 아련히 노래 부르고 있다
엄마 엄마 달팽이 엄마
이 커튼을 걷어줘요 오 아빠, 물기라곤 없는 팽나무 아빠
이 불길을 잡아줘요 살인마, 엄마 아빠 그리운……

살인마라는 말 뒤에 문득 식욕이 돋는다
밥통 속에서 독버섯이 순식간에 피어오른다
잘 있거라, 다시 보고 싶지 않은

장   마

비가 땅속에서 솟구쳐올랐어, 흙의 입자들이
분수처럼 흩날렸어, 집들이 움찔거리며 흘러다녔어,
 뿌리를 산발을 한 나무들이 하늘로 처박혔어, ㅈㅈㅈ
고압선이 온 하늘을 헤매고 다녔어,
　　망치, 드라이버, 호이루, 몽키스패너, 못, 압정
　　　돌찌귀들이 전류를 타고 흘러다녔어, 그 사이로
　　사람들의 머리채가 한없이 솟구쳐올랐어, 허공 가득
뽑힌 뿌리들이었어, 찌그러지고 구겨진 길들이 떠다녔
어, 비, 비,
　　비 끝에 꽂힌 산들이 모자처럼 덜렁거렸어
　　　골짜기들의 속이 다 보였어, 과도 같은 십자가를
　　　　　　허공에 푹! 박은 교회당들이, 아랫도리를 다
　　내놓고
흔들거렸어, 물을 뚝뚝 흘리고 있었어, 아우성들,
장대 같은 아우성들이, 자욱이 흙보라를 일으켰어,
　　억수같이 솟구쳐올랐어, 우……

　　　세상이 **明鏡止水**같이 생경했어

슬픔, 아무래도

모래처럼 조용해질 수 없다 아무래도
모래처럼 동글동글할 수 없다 아무래도
모래처럼 쬐그매질 수 없다 아무래도
모래처럼 바싹 할 수 없다 아무래도
모래처럼 축축할 수 없다 아무래도
모래처럼 수천년 타박, 부서질 수 없다
아무래도 ······························

　　　······························
　　　······························
　　　······························
　　　······························
　　　······························
　　　······························
　　　······························

모래알만한 모래들이 자꾸 일어선다

휘도는 골짜기

바람을 거스르며 걷고 있었습니다 골짜기는
아득했고 그 허구렁에서 휘돌고 있는 바람의 꼬리가
보였습니다 온갖 뿌리내린 것들이 흔들거렸습니다
흔들리며 돌아본 세상이 자꾸 뒤뚱거렸습니다
스스로 보호받지 못한 것들은 턱없이 크거나 작았습니다
골짜기는 밑도 끝도 없이 깊었습니다 무슨 후렴처럼
문득 휘도는 골짜기, 몸을 길 밖으로 빼고
흔들리는 풀들, 딱딱하게 고요를 뭉쳐든 돌들,
밟으면 중심이 흔들렸습니다 붙박인 것들이 느닷없이
흔들리다가 제풀에 가라앉곤 하였습니다
그런 것들이 빽빽한 길을 위로 위로 거슬러 올랐습니다

거대한 빵

　　빵 속에는 거대한 슬픔의 효소가 있다
　　빽빽한 살덩이에 펑펑 구멍을 내는
　　참을 수 없는 슬픔의 이스트가 들어 있다
　　노릿한 공기 안온하게 들어앉히는
보이지 않는 손이 있다 그 속에
　　구멍마다 사람들 꿈처럼 들어앉아
　　　말랑하고 따스한 슬픔의 벽 뜯어먹는다
　　　　말할 수 없이 미세한 슬픔들도 노릿한 공기
　　　　　흥건히 채우며 아메바 같은 아이들 키우는 힘
　　　　　　가지고 있다 슬픔은 자란다, 세포분열 한다
　　　　　　　송송송 수없이 제 살 뚫으며 슬픔은 부풀어
　　　오른다
　　캄캄한 빵의 밤, 슬픔들은 구멍마다 불을 밝힌다
갇힌 슬픔들, 반짝이며 자꾸 언저리 지운다

　　헤아릴 수 없는 슬픔들이
거대한 오븐 속에서 꿈틀꿈틀
　　부풀어오른다
　　　　오오 저 거대한 빵

벼락치는 소리가 났다

천둥 울고 번개 치더니 홀연 굵은 빗방울
후둑인다 세상이 창백해지고 빌딩들의 키가
뭉텅 내려앉는다 지붕을 꼭꼭 여민 집들이
죽은 듯 엎어져 있고 길 위의 사람들이
골목으로 뛰어든다

(멀지 않은 곳에서 벼락이 치리라)

허공을 덮고 있던 두터운 유리가 자그르르 내려앉는다
잊혔던 것들이 문득 살아나고 휴지조각 나뭇잎
비닐끈이 푸드덕거린다 귀떨어진 벽보가 살아난다
썩은 베니어판이 살아나고 빈 깡통이 살아나고
버려졌던 것들의 모서리가 날카롭게 살아난다

천둥 울고 벼락치고 미친 바람 부는 날은
두려움에 휩싸였던 짓밟힌 것들이 펄펄 난다

중얼거리다

시장 어귀 군고구마장수 옆, 더께로 옷을 껴입은
미친 사람 하나, 알아들을 수 없는 말을 중얼거리며
두리번거리네 그의 시선이 딱!
나와 부딪치네, 살기가 휙 지나가네, 씩 웃네,
살기가

엄마가가써그새끼하고아부지가갔자나
그새끼가내옷다가져갔자나춥자나
히히히히나쁜놈주길놈씨버머글……

군고구마 냄새는 노릿노릿 시장 어귀를 어슬렁거리는데
신발코를 내려다보거나
지나가는 사람과 느닷없이 스파크를 일으키거나 히히
웃거나 이것도 저것도 아닌 땐 그냥
중얼거리네

현이엄마가봤때중식이엄마가봤때아부지가……

군고구마 냄새가 중얼거리네 가로수가

중얼거리네 외등이 중얼거리네
집이, 길이, 쓰레기통이, 전봇대가
중얼거리네, 살기가 획
중얼거리네

숨은 모녀

대여섯살 된 계집아이 하나와
그녀의 어머니가 손잡고 갑니다

어머니를 속에 감춘 계집아이 하나와
계집아이를 속에 감춘 어머니 하나가
손잡고 갑니다

엄마 저게 뭐야
풀이란다

꽃을 속에 감춘 풀들에
바람을 속에 감춘 햇빛이 붙들려 있습니다

한귀퉁이, 비를 감춘 구름이 슬쩍
떠 있습니다

날카로운 빗금을 그으며 번개가
하늘 한귀퉁이를 찢습니다
산더미 같은 바윗장을 팽개치며 천둥이 웁니다

서른 대여섯살 딸의 손을 잡고
다섯살 어머니가 뜁니다

빨리 와 이것아, 곧 비가 쏟아질 거야
다섯살 어머니의 머리에 리본이 나풀
뛰어갑니다

리차드 기어가 웃고 있다

리차드 기어가 웃고 있다
웃음에 가린 비디오가게
속이 보이지 않는다
컴컴한 입 속을 슬쩍 보이며 웃고 있는 그의,
등뒤로 언뜻, 줄줄이 테이프에 감긴 세상이 보인다
만화 같은, 순정영화 같은, 쿵후 같은 세상이,
어깨를 비비며 꽂혀 있다 거대한 벽에
등허리를 찰싹 붙인 세상들이

그는 그것들을 등지고 문밖을 본다
문밖의 가로수 문밖의 담벼락 문밖의 군고구마장수
문밖의 아이 어른……

문밖의 아이들은 그를 보며 서 있다
아니 아이들은, 문밖에 있는 그를 보고 있다

그의 앞으로,
아이들의 등뒤로 바람 분다 휘익,
쿵후 같은 세상이 날린다

종일 유리창에 붙어 한사코 바깥으로 웃고 있는
그

여축시*를 산 채로

여축시를 산 채로 열개의 태양이 구워 죽이고 있다
장부가 북쪽에서 오른손으로 하늘을 가리고 있다
열개의 태양은 공중에 있고 여축은 산 위에 있다**

무당 굽는 냄새가 코를 찌른다
한떼의 장부들이 오른손에 붉은 뱀을 왼 손에는
푸른 뱀을 감아쥐고 산을 오른다
서기가 하늘까지 뻗친다

산을 에워싸고 파도소리 들린다

* 여축시: 여자 무당
** 「산해경」의 일부

보르헤스의 정원 1

시계 속 둥그런 세상에서 절. 뚝.
5가 6을 건너갑니다

시계 밖 네모난 세상에서
다섯시가 여섯시를 건너갑니다

시계 밑 탁자가 다섯시와 여섯시를 건너갑니다
탁자 밑 방바닥이 다섯시와 여섯시를 건너갑니다
방바닥 밑 구들장이 다섯시와 여섯시를 건너갑니다
구들장 밑 어둠이 다섯시와 여섯시를 건너갑니다

절. 뚝. 절. 뚝. 절. 뚝. 절. 뚝

한쪽 다리가 짧은 세상이 규칙적으로 흔들립니다
구들장 저…… 아래
거대한 추가 쾅쾅 울립니다
짧은 쪽으로 기울어졌던 것들이 깜짝
다시 섭니다

가 을

사랑해 사랑해

바싹 마른 몸 동그랗게 말고 하늘
하늘 속으로 곤두박질치는
저 나뭇잎

제 3 부

집 한 채

달팽이 한 마리가
철 지난 나뭇잎에 매달려 있다
다 된 떨켜를 잡고 떨고 있다
이파리 위로 난 그의 길이
떨린다
그의 집이 떨리고 지구가 떨린다

그의 전생이 떨리고 來世가 떨린다
순간, 어지럼증에 걸린 지구가
움켜잡은 떨켜를 스르르 놓는다

빙글

원무를 그리며 공중낙하하는
지구

어머니, 지우신다

휑한 방에 누워 자꾸 지우신다 장롱만한
지우개로 삯뜨개질의 날들을 지우신다
지워도 자꾸 풀려나오는 실꾸리, 실같이 가는
기억의 구멍이 점점 커진다 실꾸리가
구멍 저편으로 떨어진다,
그 속에 팔을 넣고 휘젓는 어머니, 한 실마리가
잡. 혔. 다. 친친 감긴 한시절이 끌려나온다
치마꼬리에 매달린 죽은 아들, 찐 고구마,
없는 치료비……, 욕설의 날들이,
찬 고구마가 담긴 소쿠리 위로
오색 날개의 퉁퉁한 치욕들이 윙윙 난다
저리 가!
쫓아도 자꾸 붙는다

동그랗게 몸을 만 쥐며느리 한 마리
장롱만한 지우개 옆에 앉아 있다

무덤에서

진에게

꺾여나간 잔가지들을 일으켜세우며 쉼없이
시간은 흐른다 잔가지 하나 불쑥 내밀었던 너,
너를 삼켜버린 그 큰 목구멍을 생각해본다
너에 대한 기억은 늘 그해 유월의 더위에 얼어붙는다

그래 오늘 나는 살아 있다
너는 무엇이 되어 얼지도 못한 채 정지된 저 겨울강을 건너랴
내 속은 이제 한오리의 바람도 남지 않았다
너와 나 사이를 흐르는 숨막히는 이 고요
종로에서 남대문에서 서울역에서 나는 자주 맨발의 너를 본다
날마다 해는 엉겅퀴 넝쿨 사이로 솟구치고
무덤들의 정수리에 바알갛게 얹힌다

나의 슬픔은 가는비 내리고 풀잎마다
느닷없이 이슬 맺힌다 아아 너 하나의 잠적이
얼마나 많은 것들의 그늘을 짙게 하는가
네가 기대어, 먹은 술 토해내던 전신주

어디 하나 붙잡을 곳 없던 거리 거리를 생각한다
또다시 한겨울이 느릿느릿 강을 건너는 것이 보인다

나도 이제 거짓처럼, 문득 일어나
다리도 없이 저 강 건너고 싶다

보르헤스의 정원 2

그 정원의 끝에는 문이 있네
동서남북 어디에도 모서리가 없는 둥그런
헤아릴 수 없이 많은 문들이
작은 고리를 달랑거리며 있네
당기면 녹슨 돌쩌귀 소리내며 삐걱
열리는 문, 그 속에 조금 더 큰 문고리
달려 있는 또 다른 문이 있네, 다시 열어보네
그 속에 조금 더 큰 문, 조금 더 큰 문고리
조금 더 큰 문, 조금 더 큰 문고리……
(이 많은 갈피들이 다 문이라니!)
저물녘, 나는 세상만한 문고리 접혀 있는
한없이 크고 둥근 문 앞에 서네
어디선가 종일 문 여는 소리 들리고
제 무게를 못 이긴 고리 하나가
툭 떨어지네

그 정원의 끝에는
거대한 빵 같기도 하고
낡은 책 같기도 하고

한순간 우우우 피어오를
기괴한 꽃 같기도 한
문들이 갈피갈피 접혀 있네

춤추는 사과

사과 하나가 있다 사과
하나의 그림자가 주방 식탁 위에 있다 사과
하나의 그림자의 그림자가 그 집 주방 식탁 위에 있다
사과

하나가, 네 개의 씨를 가진 사과
하나가 그자의 식탁 위에 있다 네개의 씨 속에
사천개의 방을 가진 사과 하나가 그자의 식탁 위에 있다
사천개의 방 속에 사만개의 불빛을 가진 사과 하나가
그 자의 식탁 위에 있다 오 사십만개의 불빛들이
지느러미를 너울거리는 사과 하나가
그 자의 식탁 위에 있다 사과

하나가, 사백만개의 불빛 속에 사천만개의
벌들을 끼우고 있는 사과
하나가 그자의 식탁 위에 있다 붕붕거리며 피는
사십억 송이의 꽃들
사이에서 말할 수 없이 미세하게 접혀 있는 사과,
하나가, 접히고 접힌 보이지 않는 길들이

그 자의 식탁에는 사십억개의 환하게 불켠 사과
과수원이 있다 푸하하하하, 오므렸던 입술을 활짝
펴고 웃는 꽃들, 입냄새가 지독하다

죽은 나무들의 사회

그 마룻장 속에서 바람소리 들린다
그 의자 속에서 새 울음 들린다
그 액자 속에서 물소리 들린다

죽은 나무들을 속에 감춘 벽들이 우뚝하네
풍경을 끼운 창틀은 액자처럼 단정하네
그 속에, 바람에 흔들리는 나무들이 산 채로 걸려 있네
이파리 속에 새집을 숨긴 나무들이, 기웃
창틀 너머 노오랗게 누운 마룻장을 들여다보네
어둠 그러안고 딱딱하게 굳은 의자들을 보네
절벽에 한사코 붙은 액자들을 보네
아니 사실, 그것들이 창밖 나무들을 보네

죽은 나무가 불타는 나무를 보네
불타는 나무가 죽은 나무를 보네 아니

죽은 나무는 불타는 나무 안에 있네
불타는 나무는 죽은 나무 안에 있네

바벨의 도서관

그가 책을 읽고 있다 책은 그의 등뒤를 읽고 있다
등뒤에는 수억만권 책들이 그를 읽고 있다
등짝에 새겨진 깨알 같은 말들, 그의 등짝은 가이없다

(가파른언덕절벽위의한송이꽃꽂같은전쟁전쟁같은진실
 진실같은공장들굴뚝에꽂힌딱딱한연기사이이파리같은
 질문들서가와서가사이아득한골짜기에끼어몇백년
 잠든바람서로복제하며복제되는무수한햇빛들)

비스듬히 턱을 괴고 책 속에 빠진 그,
와 책들, 서로 읽고 있다.
수천년이 훌떡 넘어간다.

譯者 註를 달고 번역되는 엉뚱한 譯書처럼,
읽고 읽히며 書冊들 사이로 해가 뜬다

표류, 또는 빗금

칠흑 속 빗금 다 지워지고 빗금 환한 창문만 남은
기차 지나간다 빗금 허공 잡아뜯으며 빗금 멀리
가까이 기차소리 펄럭인다 빗금 다시 칠흑 속
빗금 발이 없는 사람 빗금 바람처럼 불려나온다
빗금 환한 기차의 창문 같은 빗금 얼굴 하나 흐른다
빗금 침묵 빗금 바바리코트처럼 날린다 빗금
소매 끝에 빗금 얼굴보다 환한 손 빗금(저 혼자 있다)
빗금 그 끝 손보다 환한 가방 하나 빗금(저 혼자 있다)

손, 가방을 연다
환한 얼굴 하나 꺼낸다
헤아릴 수 없이 많은, 쬐그만
얼굴들, 손들, 튕기듯 나와 어둠속으로
사라진다 남은 소리들, 비닐처럼 번쩍거린다
다 지워지고 손가락만 남은 손, 코만 남은 얼굴
넥타이만 남은 목이, 기적을 울리며 지나간다
비닐 속
거대한 손 하나가
복제 인형들을 하염없이 꺼내고 있다

환한 창문만 남은 기차가……
빗금

저 햇빛

얼마나 오래 걸어 내게 당도하는가
자지러지게 다리 아픈 그리움 되는가
바라보면 언제나 해를 떠나는 해의 아이들,
수천 수만의 아이들이 륙색을 메고 타박타박
걸어오지, 조잘거리며 콜라를 마시며,
세발자전거를 타고,
다시 두발자전거로 바꿔 타고 씽씽
달려오지, 은빛 이파리들 소란한 허공을
자꾸 지나지, 곤두박질치며, 엄마!
부르며 몸 키우지,
청바지 입고, 햄버거를 먹으며 레게춤 추며, 저기
하늘 꽉 메운 은빛 나뭇가지 되지
서로 밀치며 부둥켜안으며 수만리 긴 동앗줄 만들지,
숨막혀라,
저 은빛 가지에 몸 감기는 일,
너무 환해 오히려 캄캄한 저 길 만드는 일
저 햇빛 얼마나 오래 걸어

氣泡 속으로

햇빛이 찰랑거린다 뽀글거리며
떠오르는 건물들

붕어빵 굽는 사내
빙 둘러 섰던 꺼칠한 새끼와 아낙
돌아가고 난 뒤

물이끼처럼, 그 뒤안 껴안고
종일 붕어빵을 집어올리는……

해의 집게발
종일 그 건물 위를 맴돌다

너무 고요하다

길을 지운다 길 끝에 서 있던
전봇대도 지운다 전봇대를 잡고
늘어지던 고압선도 지운다 그 아래
찌뿌둥 엎드린 집들도 지운다 그 집
창에 엎질러진 사각 불빛도 지우고
그 속에 어른거리는 그림자도 지운다
대문 옆에 웅크리고 있는 개 같은 것들
시도 때도 없이 컹컹거리는 것들 다
지운다

가을날 찌르레기 울음에 지워지는
어둑한 날짜처럼 찌르륵찌르륵
지운다 자꾸 지운다

없는 지우개로 없는 길들을 오래 문지르면
그래, 문득 그 자리 따뜻해진다
없는 길이 환해진다

풋것처럼
저 건물 6

풀쑥 치밀어올라 뚝딱
가슴에 한 건물을 짓고 들어앉은 (사랑이여)
유리창 가득 화농 같은 불빛 흘리고 선 저 건물
모호한 실루엣들이 어른거리다 사라지고
이따금 두런, 무슨 이야기 같은 것 들리다 말고
상처는 밤새 불탄다

찌르레기 울음에 마음 준 죄
별빛에 눈 찔린 죄
칠흑에 몸 섞은 죄

몰매맞은 바람처럼 나 얼굴을 지우고
다시 기웃
산다

영롱한 아침

아아 동틀녘에는
칠흑의 몸에 이파리 돋는다
나는 순식간에 자란 억센 이파리
들을 온몸에 꽂고

頭痛 위에
마알갛게 도장을 찍는다

지저귀다

지저귀다 지친 참새들이 지붕 비탈에 멍하니 서 있다
비탈에서도 똑바로 서서 먼데 본다 글쎄
저 보리쌀만한 눈 속에 '먼데'가 들어갔을까?
그 속의 세상은 보리쌀만한가?
보리쌀만한 세상 속에 보리쌀보다 작은
전봇대, 집, 길들이 종종종
일렬로 서 있을까?

아아 보리쌀보다 작은 나무들이
겨자씨만한 그림자를 달고 흔들린다
그 그늘에 기대어 조개 까서 파는 저 늙은이!

조름에 겨운 새의 눈이 스르르 닫힌다
보리쌀만한 세상이 덜컹 닫힌다
(미친 듯 고요하다)

어떤 놈인지 다시 지저귀기 시작한다
소리들이 지붕 골골이 흘러내린다
자꾸 빗금을 그으며 보리쌀만한 세상들이
종종 포르르

아아 삶이

절망이라고 치욕이라고
말하지 않고 그냥 시름이라고만
말할 수 있어도 얼마나 좋으리
시름처럼 순하게 시름처럼 아득하게
깊어질 수 있다면 또 얼마나 좋으리
시름처럼 천천히 해가 뜨고 시름처럼
하염없이 늙어가는 나무 아래선
펄펄 끓는 치욕을 퍼먹어도 좋으리
노란 평상 위에서 온갖 웬수들 다 모여
숟가락 부딪치며 밥 먹어도 좋으리
그때 머리 위로는 한때 狂暴했던 바람이
넓적한 그림자를 흔들며 가도 좋으리
시름처럼 수굿한 구름이 나무 꼭대기에서
집적대도 좋으리

그래
끝이라고 문 닫았다고
말하지 않고 그냥 시름이라고 말할 수 있다면
또 얼마나 좋으리 시름처럼 따뜻하게

시름처럼 축축하게 한시절
뒹굴뒹굴 보낸다면 얼마나 좋으리
시름의 방 속에서 어른거리는 것들의
그림자를 보는 일도 좋으리
문밖에서 휙 지나가는 도둑고양이 같은 시름들
못 본 척하는 일도 좋으리
풀섶에서 눈 번득이는 작은 짐승처럼
그저 고요히 두근거리는 일도 좋으리

그 또한 시름 같은 것

상처들은 나무마다 환하다

비닐새

 이 저녁 전깃줄에 휘감겨 나는 듣네
 수천 볼트의 전기 흐르는 소리
　속에 용광로를 가진 것들이 허공에서 하염없이 흔들리는 소리
　　바람은 때없이 윙윙거리고 내 몸은 배추나비처럼 나풀거리네
 나는 속을 가지지 않았네 간도 쓸개도 애초부터 없었다네
　없는 것이 속이네 안이 밖이고 밖이 안이네
 찢어진 나는 더 찢어질 것도 없는 나는 질긴 것이 힘이네
 아무데나 감겨 그저 사시나무 떨듯 떠는 힘
　　그것도 힘이라면 나도 힘 하나 가졌네 그럼
　　　이것 봐 허공에도 몸 감을 것 있다네
　　　　나 지금 거기 몸 감고 아득히 내려다보네
　　　저기 아래 후미진 곳에서 잠시 찬 입술 부딪는 것들
　　　　아득히 취해 모퉁이 도는 것들, 고압선 아래 엎드린 집들
 덤프트럭은 시절 없이 오가고 방범대원은 골목골목 호루라기를 불어댄다네
　상처들은 나무마다 환하고 그 사랑 가로등 아래 우울

한 그늘 만드네
     그러나 나, 감긴 몸 풀 길 없어 빈속으로 오래 견뎌야 하네
 바람에 조금조금 찢기운 몸 날리며 한세상 버텨야 한다네, 공공공
       허공 가득 개짖는 소리, 전선이 몸을 휘며 우네
    속의 불들이 급히 흐르고
      그 사이로 어둠은 가는비 내리네
        내 몸이 사시나무 떨듯 떨리네

물끄러미

아파트 상상 꼭대기 십일층으로 이사 갔지요
눈앞에 걸리적거리는 것 전혀 없다고 좋아했는데
웬걸, 그래도 같은 키의 앞 동 뒤꼭지가 비스듬히
허공에 묻혀 있는 것이 또 걸리적거립디다요 그런데
그 경사진 지붕 골골이 웬 비둘기떼!!!
하늘 보는 놈 내 쪽으로 마주보고 있는 놈 좌불안석
자리 옮기는 놈 푸덕 날아보는 놈 제딴엔 몽땅 골몰에
빠졌는데요 뜬금없이 나는, 저놈들 땟거리는 있는가 자꾸
걱정이 됩디다요 그래 뭘 먹는 놈이 있는지 물끄러미 보고
있자니 이따금 콕콕 뭘 먹는 포즈를 취합디다만 대부분은
뒤로 혹은 앞으로 혹은 비스듬히 그냥 물끄러미 있능기
라요
나는 자꾸 속이 타는데 아 이윽고 다급한 놈,
수직으로 꽂히데요 날개를 V자로 하고
주둥이로 허공을 찢으며 내리꽂히는 그놈!
나는 그만 가슴이 서늘하여 더는 물끄럼 하지 못하고
좌불안석인데, 웬 전화벨 소리, 이그, 꼭대기 층으로 이사 갔다며?
안그래도 허공에 반쯤 떠 있던 것이 인제 영 쑤셔박혔구

나,
　　무선전화기를 들고 다시 그쪽을 보니 그 사이 그놈들 몽땅
　　어디로 꽂혔는지, 허공에 광목 찢어지는 소리 아득하고,
　　드문드문 남은 놈들만 지붕 지키고 있대요
　　난데없이 비 흩뿌리는데 그놈들
　　피할 줄도 모르는지 그 비 다 맞고 서서……

돌

희양산 계곡 물속에서 돌 하나 보았다
수많은 돌 틈에서 유난히 다른 색깔로
물살을 밀어내고 있었다
그 위를 흐를 때 물은 아주 다른 빛깔이 되었다
물의 미세한 결이 다 보였다
순간이었다, 그를 벗어난 물은 태연히
다른 몸들을 넘어갔다
어둑한 몸들을 넘어가는 물소리가
계곡을 꽉 붙들고 있었다

자갈길을

걷습니다 제 속에 온갖 소리들을 가두어두고
돌들은 하늘을 보거나 모로 눕거나 혹은
엎어져 있습니다 별처럼 젖어 있습니다
낮은 바람으로 엎드려 그 소리 들어봅니다
바람소리 들립니다 물결소리 들립니다
그 물결 한 산맥을 넘는 소리
조그만 돌 속 세상이 물소리로 가득합니다

사람 지나간 발자국

아름다워라 나 문득 눈길 머물러
그것의 고요한 소리 보네
누군가가 슬쩍 밟고 갔을
저 허리 잘록한 소리
한참 살다 떠난 부뚜막 같은
다 저문 저녁 같은

그러나

여전히 네거리 한복판에서
밤새 제 속을 끌어올리는 저 분수대,
어처구니들의 물보라 속, 확인되지 않는
어떤 몸들이 젖은 채,

꿈, 바다, 여인들

작은 물고기들/거대한 배를 끌고 가/
아가들/에미 손을 끌고 길 끝으로 가/
쥐며느리가 바윗장을 뒤집어/바위들/
산꼭대기에서 굴러내려/초가지붕 덮쳐/
지붕 위에서/박처럼 순해져/갈갈거리며/
박꽃이 펴/제비들 처마 파먹어/구멍 뚫려/
암보라빛 나날들 쏟아져/

오, 잘 있어/
서러워 말아라/

속옷의 에미들 산을 넘어/
산이/고쟁이 사이로 꽉 차/자꾸 자라/
에미들의 가랑이가 자꾸 길어져/
세상이 그 속으로 빨려들어/
순식간에 달이 떠/나뭇가지들 파도쳐/
반딧불 한 마리 밤바다 끌고 가/
배가 기우뚱거려/
해변 가득 여인들의 고쟁이가 파도쳐/
가이없이 여인들이 출렁거려/

그의 무덤에

그는 죽었다 오래 전에
그의 생각도 죽었다 오래 전에,
이제 박쥐처럼 천정에 거꾸로 매달려 아득히
그의 방을 내려다보는 그
벽이 된 그, 거미줄이 된 그
아카시아 뿌리가 된 그
가시나무 뿌리가 된 그

(나는 마른침이나 삼킨다)

느닷없이,
노랑나비 같은 생각 하나가
그의 위에 앉는다 날개가…… 기우뚱……
벽이 기우뚱…… 기우뚱…… 거미줄이……
기우뚱…… 나는 그의 내부로 들어간다
아카시아 뿌리 속으로 들어간다
가시나무…… 뿌리…… 속으로…… 들어간다
그의…… 속에…… 들어간…… 나의
내부가…… 봉긋 부푼다……

욕조에서

알몸으로나는네속으로들어왔다

너의김으로꽉찬방

뜨거운네속에잠긴내몸이흔들린다

내가흔들리면너는넘친다

나와너의살들이어두운회랑을빠져나가는소리

네속의내가터무니없이부푼다

돌아누울때마다출렁거리는너

나도덩달아출렁거린다

점점너는내게꼭맞는다

서로몸을덜어내며이윽고우리는하나가되어간다

너어른거리는나의거푸집

출렁임용트림쿨렁임미미한흔들림아득한물무늬

구   멍

화단 귀퉁이에 탁구공만한 구멍이 있다
그 구멍으로 개미들이 나온다 개미의 길이다
구멍은 개미의 몸만큼 통로를 열어주고는
어둠으로 뚜껑을 닫았다 새앙쥐 한 마리
눈을 반짝거리며 고개를 내민다 구멍은 문을
한껏 열어 새앙쥐를 내보낸다 새앙쥐의 길이
휑하다 바퀴벌레 한 마리 쏜살같이 나온다
바퀴벌레의 길, 그리마의 길, 쥐며느리의 길,
이름 모를 털벌레의 길, 구멍은
하루종일 뚜껑을 닫았다 열었다 하며 거기 있다
비 오면 물의 길, 바람 불면 바람의 길이다
어둠은 구멍에 몸을 꼭 맞추고 없는 듯 있다
밤, 구멍은 더 큰 어둠에 지워진다
쥐라도 들락거려야 몸이 보인다
구멍은

항구로 가는 사거리에는

항구로 가는 사거리에는 두 팔 하늘로 치켜들고
알몸으로 서 있는 여인이 있다 누구든 항구로 가려면
그녀를 한바퀴 돌아야 한다 그녀는 늘 한 방향으로
서 있다 그녀를 보고 전속력으로 달려온 차들은 그녀를
한바퀴 돌고 나선 항구 쪽으로 줄행랑을 친다 또 항구
쪽에서 그녀의 옆모습을 보며 허겁지겁 달려온 차들도
그녀를 한바퀴 돌고 나서는 저 복잡한 도심을 향해
줄행랑을 친다 그녀는 허공에 있다 뒤꿈치를 들고 탱탱한
젖가슴을 힘껏 내밀었다 포도송이 같은 젖꼭지는 허공에
박혔다 허리를 활처럼 휘인 그녀를 보면 멀리서도 사람
들은
아 항구다 하고 말한다 그러나 정작 그녀는 바다를 본
적 없다
바다는 늘 그녀의 옆구리에 있다 누군지 그녀를
저자거리 쪽으로 세워놓았다

加恩이라는

문은 하나다
가은으로 가는 문은 직행버스를 타고
네 시간은 달려야 있다 아니
가은으로 가는 문은 둘이다
가은으로 가는 문은 마장동 시외버스터미널에서
사천원짜리 표를 사서 네시간을 달리면 있다 아니
가은으로 가는 문은 기억의 직행버스를 타고 슬쩍
눈 감으면 있다 거기 검은 마을을 안온하게 지키는 맑은 유리문이 있다
그 속에 기억의 탄광으로 치닫는 외길이 있다
그 속에 비 내리고 우비도 없이 삼삼오오 학교 가는
아이들이 있다 탄더미의 날짜 속으로 난 길들이 있다
그 속에는 거짓말같이 청솔 울타리 나직나직한
도레실 가는 길도 있다

어른들은 자꾸 탄더미 속으로 들어간다
도시락을 덜컹거리며 막장으로 간다
돌개바람, 휘말려 올라가는 탄더미의 날짜 속으로 간다
뱀딸기와 엉겅퀴와 산죽이 엉겨붙어 사는

이름만 뽀얀 마을, 가은으로 가는 문은
셋이다, 넷이다, 다섯이다

그 속에
폐광된 자신을 물끄러미 바라보는 坑口들
벌린 입 속에서 너무 캄캄한
꼭 제 몸만한 잊혀진 것들에 기대 사는 마을
가은이!

가은…… 경상북도 문경에 있는 광산촌

안동 가고 싶다

고 말해 본다 안동 가고 싶은 마음이 먼저 안동에
간다 광석동에 법흥동에 서당골에 간다
길은 사지사방 뻗어 있다 마음은 길모퉁이 스쿨서점
앞에 있다 안동지물 무궁화교복 양반문구점…… 속,
안동이 원래 크기로 담겨 있다
……무궁화교복 뒷골목, 왼쪽인가…… 오른쪽인가……
기울어진 골목에 있던…… 집…… 허술한 판자문…… 긴 쪽마루
컴컴한 뒤안 속, 미끈 물이끼 같던 사춘기…… 그 뒤에
……
컴컴한 기억의 골목을…… 돌고…… 돈다…… 그 끝
신새벽의 풍금소리…… 아름드리 나무등치 같은 것……
따라간다
……싯푸른 못 속, 아득히 누워 있는 彈皮 같은 것…… 휘돌아
은행나무 잎사귀 바스락 밟히던…… 음악실 앞 숲……
오, 데니 보이, 희망의 나라로, 켄터키 옛집…… 이 출렁
새벽 공기처럼 청량하던 ……안, 동,

가, 고, 싶, 다……

안동 밖에서…… 안동 안에서…… 안동이
앉았다 섰다 좌불안석이다.
어떤 레일 위에서
창마다 발그레 불 밝힌 기차가
염통에서 골통을 가로질러…… 칙칙폭폭

아아아아아아아아아아아아아아아아아아아아아아

안……동……가……고……싶……다……

中 山 經

박산의 첫머리는 감조산이라는 곳인데 공수가
여기에서 나와 서쪽 황하에 흘러든다 산위에는
감탕나무가 많이 자라고 기슭에 나는 어떤 풀은
해바라기 같은데 살구 잎새가 달리고 노란 꽃을
피우며 꼬투리로 열매 맺는다 이름을 탁이라고 하며
이것으로 어두운 눈을 낫게 할 수 있다 어떤 짐승은
생김새가 독서* 같은데 이마에 무늬가 있다 이름을 '서'
라고 하며 이것을 먹으면 목에 난 혹을 고칠 수 있다**

**해바라기 나무에 살구 잎새가 달린 노란 꽃의
시절이여 꼬투리로 열매 맺는 시절이여
저기 맞은편에 시절 하나가, 이마에 무늬가 있는
독서 같은 시절 하나가 뒤뚱 온다 잡아먹자.**

* 독서:「중산경」에 나오는 상상의 동물
**「중산경」의 일부

■ 해 설

환멸을 극복하는 사랑

김 정 란

　이경림의 시는 몇가지 문학적인 시사점을 던져준다. 우선, 천품을 가진 시인은 어떤 방식으로든 반드시 일어선다는 것, 그리고 문학적 세대는 지금까지 한국문단에서 통용되어온 방식처럼 생년월일과 아무런 상관도 없다는 것.
　그녀의 시를 읽으면 부정할 수 없는 언어적 자질이 느껴진다. 늦은 나이에 등단한 그녀의 시들은 문화적 욕망에 의하여 억지로 만들어진 것이 아니라, 재능의 소환에 의하여 분출한 것들이다. 그녀의 시는 전혀 시인의 나이를 가늠할 수 없게 한다. 어법이 활달하고 젊기 때문이다. 나 자신도 그녀의 시를 처음 읽었을 때 젊은 남성 시인의 시라고 생각했었다. 그만큼 거침없고 힘차고 새로웠던 것이다. 문학사적으로도 이경림의 시는 90년대에 속한다. 80년대에 등단했더라면, 그녀의 시는 살아남지 못했을 것이다. 이경림의 시는 부서진 80년대의 대서사의 틈바구니를 비집고 부활한 90년대의 소서사의 한 전형이다. 그러므로 그녀의 늦은 문학적 출발은 문학적 필연성을 내장하고 있었다고 이야기할 수도 있다. 그녀의 목소리가 젊은 것은 따라서 당연한 일이다. 억지로 시인이 아니라 타고난 시인은 천품 자체의 힘에 의하여 자신이 실려 있는 문화적 맥락을 언어적으로 해석하는 적성을 확보하고 있기 때문이다.

1. 갇혀 있는 생

이경림에게 생은 갑갑한 어떤 것이다. 어쩌면 시인이 자신의 내면에서 복받치는 재능의 힘을 알고 있기 때문에 생은 더 갑갑하게 느껴지는지도 모른다. 이경림의 시는 세계가 주입시킨 '존재에 대한 관념'과 안으로부터 끊임없이 파괴되는 '실존'의 역동적인 형식 사이에서 씌어진다. 관념은 딱딱한 사물, 특히 '건물'로, 실존의 싱싱함은 흐르는 사물, 특히 '물'로 표현된다. 서시격인 다음 시는 이 시집이 흐르는 것과 흐르지 않는 것 사이에서 씌어질 것이라는 것을 예고한다.

저 타오르는 나뭇잎들
힐끗 돌아보는 바람

(몸은 산천처럼 깊고 생각 물안개처럼 나직하다)

지금 누가 실바람으로 잔가지를 지나간다
지금 누가 저 황원에서 쓸쓸히 노래하고 있다

저 아래 줄지은 아파트 사이, 파도치는 노래들
쇠창살을 울리며 쇠난간을 때리며
울려퍼지는 클랙슨 같은

꽃 피우지 않는 나무들이
그늘에서
깊은 제 몸에 빠져 있다
　　　　　——「저 깊은 강」 전문

　존재의 현장은 '다른 것', 아직 오지 않은 멀리 있는 어떤 것과, 여기 있는 딱딱한 아파트의 쇠창살 사이에 잠재태의 모습으로 있다. 시인은 아직 규정되지 않은 존재의 양태를 섬세하게 괄호 안에 묶어 처리한다. 저기' 있는 것의 특성은 '타오름', '돌아봄' 등의 역동적 형식을 동반한다. 시인이 아직 자기의 것으로 동화시키지 않은 저기 있는 존재는 "누가"라는 부정(不定) 대명사로 불린다. 그 부정성(不定性)은 현실의 규정성(規定性) 사이에서 사나운 "파도"처럼 휘몰아친다. '저곳'의 어디에선가 불려지는 노래는 아파트의 쇠창살을 울린다. 울릴 뿐만 아니라 '때린다'. 그것이 현실과 화해할 수 없는 자기 원칙의 격렬한 에너지를 내장하고 있기 때문이다.
　격렬하게 휘몰아치며 경고의 음향을 발하는 저곳, "황원"의 메시지는 존재의 외벽을 타고 미끄러진다. 시인은 아직은 "꽃 피우지 않는 나무", 내면의 부름에 귀기울인 채 움직이지 않는, "깊은 제 몸에 빠져 있"는 잠재태의 불꽃나무이다.
　존재의 관념에 의해 억압당하는 갑갑한 삶의 모습은 '건물'을 주제로 한 시들 안에서 되풀이 묘사된다. 이러한 삶의 양식을 시인은 '쓸쓸함'이라고 부른다. 그 쓸쓸한 삶 안에서 사람들은 자기정체성을 완전히 상실한 채 사물이 되어버린다(「어이 가방!」「여자들」). 제1부에는 그런 전망 부재의 시들이 우울하게 흩어져 있다.
　이경림이 '쓸쓸함'이라고 부르는 우울한 자기소외는 다음 시에서 가장 비극적인 형태로 제시되고 있다.

> 콘크리트 건물에 깔려 죽은 나$_1$
> 철근에 옆구리가 꿰진 나$_2$
> 떡시루 같은 벽돌 사이에 낑긴 나$_{3, 4, 5}$
> (살아 있는가? 살았으면 벽을 두드려봐)
> 대답없는 나$_{6, 7, 8}$,······
> ──「나$_0$, 무너진」 부분

삼풍백화점 붕괴사건에서 제재를 빌어오고 있는 듯한 이 시는 체제에 갇혀 꼼짝 못하는 자아의 모습을 극적으로 보여준다. 1, 2······ 등의 숫자로 불리는 갇혀 있는 익명성의 자아의 '살아 있음'은 여전히 괄호 안에 묶여 있다. 이 비극적 상황을 받아들일 수 없다는 사실을 시인은 이리저리 어지럽게 행갈이된 시행 배치(규정된 시 형식에 대한 반란. 사회의 억압으로부터 이리 저리 도망치기)를 통해 명민하게 드러낸다. 그러나 이 시가 죽어가고 있는 자아의 보고서로 끝나지 않고 있다는 사실은, 시인이 '나'를 '나$_0$'이라고 부르고 있다는 사실에서 충분히 감지된다. 비극적 상황에서 오히려 자아확보의 욕망은 더 뚜렷해진다. 그리고 '나' 옆에 교묘하게 붙어있는 '0'을 보라. 그것은 시인이 체제에서 빠져나오는 탈출구*인지도 모른다. 아마도 시라는

---

* 어쩌면 시인 자신은 자아의 익명성을 더욱 강조하기 위해서 아예 번호조차 부여받지 못한 '0'번의 자아를 말하고 싶었을까? 아니면, 적극적으로 해석해서, 세계에 의하여 호명되기 전의 본질적 자아의 기호? 그래도 나는 오독(誤讀)의 위험을 무릅쓰고, "필사적으로 좁은 구멍을 빠져나'온다'"라고 말하는 시인에 기대어 그것을 '구멍'으로 읽고 싶은 마음에 저항하지 못했다.

탈출구? 「나0. 무너진」의 쉼표에서도 그 탈출의 욕망은 읽힌다. 즉 이 상황은 완결된 것이 아니라는 것이다.

억압되어 있는 우울한 자아는 거의 "죽음"(「햇빛이 이렇게 쨍한데」)과도 같다. 그런 자신을 시인은 "송장메뚜기"라고 부른다. 그 메뚜기는 말을 빼앗기고 "*끄끄끄*" 운다. 빼앗긴 '말'에 대한 갈망은 다음 시에서 더 직접적으로 묘사된다.

> 양털카펫이 된 여자가 방안 가득 깔려 있다
> 탁자가 된 여자 앞에 그는 의자가 된 여자를 깔고 앉아
>   <중략>
>   액자가 된 여자, **알 수 없는 색깔들로
> 뒤범벅이 된 채** 걸려 있다
> 텔레비전이 된 여자가 쉼없이 푸르스름한 말들을
> 중얼거리며 켜져 있다 책장이 된 여자 속의 수많은 書冊들
> 먼지를 쓰고 있다 **일제히 갈피가 되어 일렬횡대로**
>
>   그는 <중략> 담배가 된 여자에 불을 붙인다
>   <중략>
> **연기가 된 여자, 허공에서 맴돌다 흩어진다**
> 그는 피곤하다는 듯 전등이 된 여자를 끈다
>
> 그의 잠 밖으로 의자가 걸어나온다
>   <중략>
> 그것들 주섬주섬 한 여자가 된다
>   <중략>
>
> 컴퓨터를 켠다 **그자의 잠 밖에서 비로소 말이 되는**

> 말들이 깜박거린다 그녀, 밤새 열에 들떠 중얼거린다
> ——「여자들」부분 (강조는 인용자)

 권력자의 세계관에 의해서 여자의 정체성은 무시당하고, 그에 의해서 규정되고("액자"), 범벅이 되어("알 수 없는 색깔들"), 담배연기처럼 흩어진다. 중요한 것은, 이러한 여성 정체성의 상실이 "말"의 문제와 연관되어 있다는 것을 시인이 인식하고 있다는 사실이다. '여자의 말'은 책장 속에서 "먼지를 쓰고 있다". 그 말은 "갈피"에, 기존의 세계관들의 '사이', 백색 지대에 있다. 시인의 명민함은 그 "갈피"들을 "일렬횡대"로 죽 펼칠 줄 아는 데까지 이른다. 즉, 타자의 가치를 "깔고 앉"는 기존 세계관의 수직적 가치체계를 수평적 가치체계로 전환시켜놓는 것이다. 그 가치를 실현시키는 말은 아직은 '꿈'일 뿐이어서, 권력자가 잠든 뒤에야 비로소 발성되기 시작한다. "열에 들떠 중얼거"리는 말. 그러나 이 말의 힘은 안으로 곤두박질치기만 하는 것은 아니다. 그것은 때로 "건물"로 구획된 삶의 안에서 "사자"처럼 "울부짖"는다(「우우 저무는 저 건물들이」). 환멸과 절망을 이야기하는 제1부 안에서도 모반은 준비되고 있는 것이다.
 제1부 끝부분에 배치되어 있는 시 「고양이 한 마리 지나가네」는 이 억압된 에너지를 교묘하게 제시한다. 이 시 안에서 시인은 전도된 상황들 사이사이에 조그만 활자(왜냐하면 들키면 안되니까!)로 "고양이 한 마리 지나가네"라는 말을 되풀이해 끼워넣음으로써 타락한 세계의 갈피를 살그머니 비집고 살아남는 순결한 내적 존재의 생생한 힘을 보여주고 있다.

2. 분 노

 시인의 좌절의 깊은 원인은 세계가 거짓으로 가득 차 있다는 사실이다. 삶은 가짜의 형식만을 요구한다. 그것은 「거짓, 포도 한 알」에서 아주 흥미롭게 묘사된다.

  먹는다, 포도 한 알의 알맹이 지워진다
     ＜중략＞
  …………………………………를 먹으면
  ………………의 알맹이는 사라진다
  ………………………………의 껍질만
  쌓인다 ……………………………이제
  ……………………………………의
  알맹이는 없다 ……………………
  ………………………………………
  ……………………………………의
  껍질들만 산이 되었다.

      오
     껍질산
    없는 포도알
   의 산! 쭈그러진
  진실들의 산! 거짓산!
  까만 궁룽들의 산! 산! 산!
       ――「거짓, 포도 한 알」 부분

 먹을수록 "포도알"은 사라지고 "껍질만" 쌓인다. 그렇게 삶은 알맹이는 버리고 껍질만 쌓아가는 형식일까. 흥미로운 것은 그렇게 껍질들이 쌓일수록 사라진 알맹이의 의미가 시인에게 점점 더 크게 느껴진다는 사실이다. 없는 알맹이를 표현하는 말없음표는 점점 더 많아진다. 그런데 시의 끝부분에서 시인은 알맹이가 빠진 '가짜' 포도로 '진짜' 산을 만들어 보인다! 성공적인 시적 뒤집기! 대단하지 않은가.

　세계의 거짓 앞에서 시인은 좌절하고 있기만 한 것은 아니다. 시인은 여전히 웅크리고 있지만, 이제 그것은 단순한 웅크림이 아니라 '기다림'이다. 시인은 세계가 받아쓰기 시킨 세계관을 허물고 들이닥치는 '다른 것', 타자의 도래를 기다리는 것이다. 시 「가만히 있었다」에서 시인은 의성어라는 감각적 언어를 사용해서 "벽"을 허물고 들이닥치는 타자의 도래를 묘사한다. 벽은 젖고, 자아는 긴장한다.

　그 타자를 향해서 시인은 적극적으로 자아의 문을 연다. 세계가 강요하는 규정된 자아동일성을 뒤집거나 연장하는 일. 자아의 비연속성을 우주의 연속성 안에서 지우고 부수는 일. 자아의 밖으로 걸어나가 타자와의 연속성 안에서 새로이 만들어지는 자아의 정체성을 확보하는 일. 그 과정을 우리는 '사랑'이라고 부른다.

　　　후박나무 잎새 하나가 내 사랑이네
　　　저 후박나무 그림자가 내 사랑이네
　　　그 흔들림 너머 딱딱한 담벼락이 내 사랑이네
　　　　　<중략>

　　　바람은 가볍게 한 생의 책장을 넘기지만
　　　가이없어라 저 읽히지 않는 이파리들
　　　그 난해한 이파리가 내 사랑이네

<중략>

혼들리거나 흔들리지 않는 저 후박나무!
넙적한 이파리가 내 사랑이네
——「후박나무 잎새 하나가」 부분

 사랑은 후박나무 잎사귀처럼 '넓게' 사랑하는 자의 존재의 터를 넓혀놓는다. 사랑으로 인해서 사랑하는 자의 존재는 존재 바깥 쪽으로 흔들린다. 그러나 그 흔들림은 확장된, 새로워진 자아의 전망 안에 굳건히 서 있다. 진실로 사랑하는 자는 그렇게 흔들리면서 흔들리지 않는다. 그 흔들림은 인식의 환한 안마당에 "그림자"를 가져온다. 즉 다른 것, 내가 아닌 것, 타자를, 미지를, 알 수 없는 것, 텍스트의 바깥, 읽히지 않음, 난해함을. 오, 무턱대고 현현하는 천사의 얼굴을……
 그렇게 사랑하는 자는 빛과 어두움 사이, 익숙한 자아의 읽힘(lisibilité)과 낯선 타자의 읽히지 않음(illisibilité) 사이에 있다. 자아의 익숙한 안정성을 택하면, 그대는 읽히는 자아의 편안한 일상성 안으로 도피한다. 그대는 존재의 안에 주저앉는다. 그러나 그대가 사랑이라는 불안한 존재의 투기를 받아들인다면, 그대는 읽히지 않는 존재 바깥으로 일어선다. 이경림은 사랑하는 쪽을 택한다.

 사랑해 사랑해

 바싹 마른 몸 동그랗게 말고 하늘
 하늘 속으로 곤두박질치는
 저 나뭇잎

——「가을」 전문

　사랑하는 자의 나뭇잎은 익숙한 곳, 생의 자리, 동일자의 처소인, 중력의 법칙이 지배하는 장소—땅으로 돌아오지 않는다. 그것은 열려 있는 곳, 중력의 법칙을 따르지 않는 타자의 비장소—하늘 쪽으로 떠난다. 그 움직임을 시인은 "곤두박질"이라고 표현한다. 왜냐하면, 사랑하는 자는 사랑의 대상을 향하여 전심전력을 다해 아주 빨리 움직이기 때문이다. 사랑하는 자는 세계 밖으로, 허공으로 무턱대고 투신한다. "진짜들은 늘 허공에서／머리채를 휘어잡는다"(「토론토에서」).
　사랑하는 자의 존재는 그렇게 존재 밖으로 끌려나온다. 자아는 안으로부터 부서져 재구성된다. 사랑하는 자의 자아는 자기 자신이면서 동시에 자기 자신이 아니다.

　　여전히 네거리 한복판에서
　　밤새 제 속을 끌어올리는 저 분수대,
　　어처구니들의 물보라 속, 확인되지 않는
　　어떤 몸들이 젖은 채,
　　　　　　　——「그러나」 전문

　"어처구니들". 왜냐하면, 그 새로운 자아, 또는 자아들은 시인 자신에게마저 "확인되지 않는", 읽히지 않는 텍스트이기 때문이다. 시인이 "어떤 몸들"이라고 말하고 있다는 것에 주목하자. 남성들의 형이상학은 자아동일성의 절대성을 가르쳐왔다. 시인은 더이상 그 형이상학을 신봉하지 않는다. 그녀는 오만한 주체의 신화, 사랑하지 않는 자, 타자를 내쫓은 근대의 자아동일성의 신화를 부순다. 존재는 "어떤"이라는 형용사를 붙일 수

밖에 없는 불안한 '없음들'의 '있음'의 한 실현태에 불과하다. 자신의 내면으로 깊이 내려가는 자는 그것을 안다. 그곳에 우글대는 비현시태의 자아. 원시의 들끓음.

그러나 세계는 '사랑은 없다'고 가르친다. 그건 환상일 뿐이라고. 바보들이나 사랑하는 것이라고. 문이 쾅 하고 닫힌다. 시인은 벌써 그 사랑의 도정이 세계에 의하여 차단당할 것이라는 것을 예감하고 있었던 것 같다. 그녀는 이렇게 쓴다.

그 흔들림 너머 딱딱한 담벼락이 내 사랑이네
―― 「후박나무 잎새 하나가」 부분 (강조는 인용자)

예정된 환멸, 좌절. "사방 절벽인 집들"(「'끝'이라는」). 그러나 일단 시인의 내면에서 터져나오기 시작한 거센 에너지는 절대로 잦아들지 않는다. 그것은 그것을 눌러놓았던 수직의 질서를 뒤집으며 터져나온다. 그것은 분노의 표정을 가지고 있다. 제2부에는 뒤집힌 수직 방향으로 쏟아지는 거대한 에너지의 소나기가 있다. 완전한, 전격적인, 절대적인 뒤집기.

비가 땅속에서 솟구쳐올랐어,
<중략>
망치, 드라이버, 호이루, 몽키스패너, 못, 압정
돌찌귀들이 전류를 타고 흘러다녔어,
<중략>
골짜기들의 속이 다 보였어, 과도 같은 십자가를
허공에 푹! 박은 교회당들이, 아랫도리를 다
내놓고
흔들거렸어, 물을 뚝뚝 흘리고 있었어, 아우성들,

〈중략〉
　　억수같이 솟구쳐올랐어, 우……

　　세상이 **明鏡止水**같이 생경했어
　　　　　　　　　　　——「장마」부분

　시의 행갈이가 뒤죽박죽인 것을 눈여겨보자. 그것은 비규정적 타자(물)의 침입을 받고 규정적 동일자(쇠·돌·건물)의 안정적인 세계관이 뒤흔들리고 있는 상황을 효과적으로 전달한다. 모든 것은 뿌리뽑혀 허공으로 날아올라간다. 시인이 기존 세계관의 한 권위를 상징하는 "교회당"을 이야기하는 대목에서는 신성모독적인 분위기마저 읽힌다. 세계는 이제 물의 비규정성 아래로 가라앉아버렸다.
　분노가 그녀의 내적인 힘을 "여축시"의 것으로 저주하는(「여축시를 산 채로」) 세계를 휩쓴다. "절. 뚝."(「보르헤스의 정원 1」)발이의 세상, 위대한 긴 하나(시계의 긴 바늘)가 못난 다른 짧은 하나(시계의 짧은 바늘)를 타자화시키는 "한쪽 다리가 짧은 세상"에서 이 거대한 생명력의 보유자인 한 여성 시인은 그렇게 "한사코 바깥으로 웃"으며(「리차드 기어가 웃고 있다」) 세계의 안전한 뿌리들을 뒤집는다. "살기(殺氣)"(「중얼거리다」)! 그 힘으로 이제 '두려움에 짓밟힌 것들'은 열등감을 극복하고 '펄펄 난다'.
　이제 시인은 '쩔쩔매지' 않는다. 그녀는 사물들의 아래와 아래, "구들장 저…… 아래"에 있는, "밑도 끝도 없이" 깊은 "골짜기"(「휘도는 골짜기」)를 지배하는 다른 시간, 다른 역사의, '거대한 추가 쾅쾅 울리'는 소리를 들었기 때문이다. 그 확신이 그녀로 하여금 세계와, 세계 안에서 그녀의 발목을 붙잡는 모든 미망을 한순간에 작파하게 한다. "드르누운 길이／벌떡 일어난다 눈깜빡할 사이,／위에 얹힌 세상이", 세상의 "오만 잡것"이 "주루루루루루루루루루(……)" 흘러내린다"(「'끝'이라는」).

그러므로 무엇이 두렵겠는가. 이제 시인은 당당하게 내면의 '허구렁'으로 투신한다. 한사코 세계 안에 붙어서 세계 밖을 힐끗거리는 자신없는 시인들, 탈속한 체하지만 기실 세속의 때에 절은 그들의 회의주의를 그녀는 모른다.

> 이제 돌아서자
> **닫힌 문들을 업고**
> 아우성치는 골목을 돌아
>   <중략>
> 흑장미 같은 어둠들이 툭툭 피어오르고
> **보이지 않던 것들이 바위처럼 뚜렷한**
> **버려진 시들이 움찔움찔 피어나는**
> 버섯 같은 꿈들이 튼튼한 지붕을 이루는
> 그곳으로
>   —— 「이제 닫을 시간」 부분 (강조는 인용자)

세상에! 그녀의 꿈 앞에서 쾅 하고 "닫힌 문"까지 "업고" 가잔다! 오, 미련한 콩쥐! 자신을 타자로 만드는 세계의 적의를 아예 무력화시켜버리는 이 큰 마음. 그녀는 괜히 한번 허세를 부려보는 것이 아니다. 그녀는 진정으로 "그곳"이 있다는 것을 믿고 있는 것이다. 그녀의 넉넉한 힘은 믿음에서 오는 것이다. 어떤 사람들은, 적어도 어떤 여자들은 그것을 안다. 그녀들은 순연히 내면의 절벽길을 따라 내려가 깊은 바닷물에 몸을 담근 적이 있는 것이다. 심청(深靑)빛. 울트라마린 블루의 물. 슬픔

……투명한 적요……

3. 몸, 죽죽 늘어난

　시인은 이제 비규정적 자아를 향해 다가가 규정적 자아를 통합시켜버린다. 이 시집의 제3부에는 비규정적 물질인 '물'이 규정적 물질인 '돌'과 통합되어 있다.

> 희양산 계곡 물속에서 돌 하나 보았다
> **수많은 돌 틈에서 유난히 다른 색깔로**
> 물살을 밀어내고 있었다
> 그 위를 흐를 때 물은 아주 다른 빛깔이 되었다
> **물의 미세한 결이 다 보였다**
> 순간이었다, 그를 벗어난 물은 태연히
> 다른 몸들을 넘어갔다
> **어둑한 몸들을 넘어가는 물소리가**
> **계곡을 꽉 붙들고 있었다**
> 　　　　　　　——「돌」전문(강조는 인용자)

　"물"과 유난히 다른 빛깔로 만나는 돌. "물"의 "미세한 결"까지 드러내는 돌. 특별한 영혼. 동일자의 뻔한 한계를 부수어 우주로 연장할 줄 아는 영혼. 그 영혼은 예감하고 있는 것이다. 들쭉날쭉한 개별자들의 비효율적 실존을 강력하게 통합하는 법(法)의 존재를. "물소리", 연속성의 원리는 비연속적 존재들, "돌"과 "돌" 사이로 흐르며, 다르마, 우주의 바람을 실어나른다……

다음의 시에는 타자의 비규정성에 적극적으로 통합되는 규정적 자아의 해체가 잘 묘사되어 있다.

알몸으로나는네속으로들어왔다

<중략>

돌아누울때마다출렁거리는너

나도덩달아출렁거린다

점점너는내게꼭맞는다

<중략>

너어른거리는나의거푸집

출렁임용트림쿨렁임미미한흔들림아득한물무늬
———「욕조에서」 부분

목욕하는 사람이 욕조 속의 물과 서서히 한몸이 되어가는 과정을 묘사하는 이 시는 타자의 흔들리는 형식에 통합되는, "꼭 맞는" 자아를 보이기 위해서 일부러 띄어쓰기도 하지 않고 다닥다닥 붙여쓰고 있다. 한 행씩 비워져 있는 시행 배치는 이 새로운 자아 구성의 과정을 시인이 충분히 여유롭게 통제하고 있다는 것을 보여준다. 앞서의 분노하는 시편들의 어지러운 행갈이와는 매우 대조적이다.

이경림의 자아는 이처럼 그 절대적인 권위를 겸손하게 해체해 버리고 세계 전체와 우주 전체와의 연속성 안에 새로이 자리잡고 있다. 그러므로 시인은 이제 '나'가 아니라 '우리'이다. 또는 '우리들'이다. 이런 세계관 안에서 모든 사물은 독립적으로 존재하지 않는다. 모든 것은 '빗금'으로 모조리 연결되어 있다. 이경림의 세계 안에서 그렇게 모든 것은 '일렬횡대'로 우주까지 나란히 서 있는 것이다! 모든 것은…… 곁에, 아니 오히려…… 안에 있다(서로의 존재에 강력하게 연계되어 있다는 점에서).

시인이 이처럼 자아의 영역을 넓히고 그 차원을 여러 겹으로 겹쳐놓을 수 있었던 것은 이 시인이 자신의 육체를 꽉 껴안은 채로 타자의 존재를 받아들였기 때문이다. 그녀는 관념에 기대어 '먼데'를 인식한 것이 아니다. 「구멍」이라는 시는 이경림의 형이상학이 '몸'에서 출발하고 있다는 사실을 잘 보여준다.

> 화단 귀퉁이에 탁구공만한 구멍이 있다
> 그 구멍으로 개미들이 나온다 개미의 길이다
> 구멍은 개미의 몸만큼 통로를 열어주고는
> 어둠으로 뚜껑을 닫았다
>   <중략>
> 어둠은 구멍에 몸을 꼭 맞추고 없는 듯 있다
> **밤, 구멍은 더 큰 어둠에 지워진다**
> **쥐라도 들락거려야 몸이 보인다**
> **구멍은**
>
>   ——「구멍」 부분(강조는 인용자)

이 "구멍"은 존재의 밤에서 존재의 낮을 향하여 출발하는 존재의 '사건(événement)'의 알레고리이다. 그것은 '없음'의 형식이 '있음'의 형식으로 화현(化現 incarnation)하는 출구이다. 그것은 "개미"가 나오면 "개미의 길", "새앙쥐"가 나오면 "새앙쥐의 길"이 된다. 그 구멍은 그 구멍보다 더 큰 어둠, 즉 '없음'이라는 존재의 근원에 감싸여 있다. 그러나 '없음'은 '있음'의 형식을 거쳐서 비로소 의미화한다. 존재의 "구멍"은 존재자의 들락거림으로 비로소 "구멍"으로 인지되는 것이다. 존재자 없이 존재는 없다.

그러므로 육체는 생이 자신을 드러내기 위해서 어쩔 수 없이 택하는 "길"이다. 그것은 누군가가 들어와 그것을 생의 형식으로 사용했기 때문에 오히려 사랑스럽다. "아름다워라", "한참 살다 떠난 부뚜막 같은"(「사람 지나간 발자국」) 육체여. 이경림은 그 인식에 기대어 자신의 육체를 자연을 향해서, 우주를 향해서 당당하게 죽죽 늘인다. 아마도 재생의 드라마가 이루어지는 그녀의 여성적 육체는 그 인식을 구현하는 데 남성적 육체보다 더 맞춤한 것인지도 모른다. 우주와 연속성을 획득한 존재에게 큰 것/작은 것, 동일자/타자, 젊음/늙음 등의 구분은 이제 아무 의미도 없다. 존재는 출렁인다. 존재는 한없이 빗금을 그으며 존재 너머로 확산된다.

　　작은 물고기들/거대한 배를 끌고 가/
　　아가들/에미 손을 끌고 길 끝으로 가/
　　쥐며느리가 바윗장을 뒤집어/바위들/
　　산꼭대기에서 굴러내려/초가지붕 덥쳐/
　　지붕 위에서/박처럼 순해져/갈갈거리며/
　　　　　<중략>

　　속옷의 에미들 산을 넘어/

산이/고쟁이 사이로 꽉 차/자꾸 자라/
에미들의 가랑이가 자꾸 길어져/
      <중략>
해변 가득 여인들의 고쟁이가 파도쳐/
가이없이 여인들이 출렁거려/

              ——「꿈, 바다, 여인들」부분

  폭력마저도 순하게 길들이는 이 풍성한 모성의 육체. 세계를 향해 "나는 너야"라고 말하는 육체. 쥐며느리, 모래알들에게마저 마음을 다 주고 혼곤히 고통스러워하는 자의 육체. 세계에, 세계 밖에 온통 연루되어 사랑으로 흔들리는 육체. 나는 안다. 그 육체의 힘이 시인으로 하여금 매양 너절한 방식으로 타락해 가는 한 수상한 시절 앞에서 "잡아먹자"(「中山經」)라고, 내가 너를 극복하리라고 말하게 한다는 것을. 그러니, 힘없는, 권력에 오염된 바 없는 순결한 여인들이여, 담대하라, 그리고 세상을 이기라.

후　기

　내가 그를 알게 된 건 언제부터였을까?
　분명하지 않지만 아주 어린날이었던 것만은 틀림없는 것 같다. 어느날 문득 낮잠에서 깨어났을 때 집은 텅 비어 있었고 열려진 방문 사이로 눈부시게 뽀얀 마당이 보였다.
　개복숭아나무 이파리가 무섭게 푸르고 그 키가 하늘까지 닿았다. 문득 아무도 없는 마당이 집이 길이 무서웠다. 삽짝 너머 길이 무한 천공으로 빨려드는 듯한 기이한 느낌이었다. 머릿속에서 위이잉 하고 어떤 기계음이 들렸다. 나는 꼼짝 않고 앉아서 그 소리를 들었다.
　나는 그것이 지구가 돌고 있는 소리라고 단정했다. 그래, 그날은 내가 맨 처음 지구 도는 소리를 들은 날이기도 했다. 이상하게도 그날 이후 나는 보이지 않는 그를 사랑하게 되었다.
　어느날은 그리움에 지쳐 살갗이 떨리고 뼈가 아팠다. 내 짝사랑의 기간은 너무 길었다. 중간에 얼마간은 우리의 사랑이 결실을 맺을 수도 있었지만 내가 피했다. 그때 나는 선대로부터 우리 집안을 틀어쥐고 횡포를 부리는 그가 싫었다. 될 수 있으면 그를 만나고 싶지 않았다. 나는 일부러 딴청을 하고 딴 남자와 히히덕거렸다. 엉뚱한 동네로 돌아다니며 세월을 죽였다.
　양동으로 피를 뽑으러 다니기도 했고 시체 해부실에서 한나절을 죽이기도 했다. 그런 날 시내버스에 멍청히 앉아 있다보면 옆에 사람들이 슬금슬금 도망가곤 했다. 내게서 나는 피비린내

때문이라는 걸 뒤늦게 알아차리고 중간에서 내려 제기동에서 미아리까지 걸어서 간 적도 있었다. 그렇다. 웬일인지 내게서는 늘 피비린내가 났다. 내가 죽음을 처음 본 건 고등학교 2학년 여름이었다.

학교에서 돌아와보니 막내동생이 죽어가고 있었다. 세살박이 그 아이는 열흘 가량 이질을 앓고 있었는데 어려운 가정형편으로 변변히 약 한첩 써보지 못하고 있었다. 아버지는 늘 부재중이었고 심약한 어머니는 늘 아팠다. 컴컴하고 눅눅한 방에 세살박이의 임종이 있었다. 아무런 표정이 없는 그 아이의 검다 못해 푸른 동자 속 동공이 차츰 열릴 때 나는 세상이 아주 잠깐 그 속으로 들어가 앉는 것을 보았다. 엄마는 기절했고 보호자는 아무도 없었다. 나는 그 아이를 흰 보자기에 쌌다. 그리고 한밤중 아무도 몰래 뒷산에 묻었다. 달빛이 교교하고 나뭇잎들이 무섭게 번들거렸다.

"꼭꼭 밟아야 해."

거들어주러 온 옆집 아저씨가 속삭이듯 말했다. 나는 땀을 뻘뻘 흘리며 그 아이를 밟았다. 없는 약값이 보이지 않도록, 없는 매장비가 보이지 않도록. 그 아이의 지겨운 울음이 다시는 새어나오지 못하도록……

이튿날은 하루 종일 비가 퍼부었다. 그때 나는 처음 알았다 비가 비수인 것을……

무덤 사이로 스며드는 빗방울들이 보였다. 그 아이의, 아니 내 살갗을 쑤셔대는 빗방울 소리!

몸이 불덩이처럼 달아올랐다. 나는 그 모든 것이 우리 집안을 틀어쥐고 있는 그의 폭력 때문이라고 믿었다. 그러나 아무리 달아나도 그는 늘 내 등뒤에서 낄낄거리고 있었다.

급기야는 정신병원을 들락거리기 시작했고 그런 처참한 꼴을 그는 멀리서 지켜보고 있었다.

 서른아홉의 어느날 나는 더이상 어디로 도망갈 수 없다는 것을 알았다. 그를 다시 찾는 것이 내가 살 길임을 알게 되었다. 처음 그는 나를 몰라보았다. 그러나 나는 잃어버렸던 세월만큼 일방적인 사랑을 퍼부었다. 모른 척하던 그는 어느날 내게로 돌아왔다. 그날 이후 우리는 폭풍우 같은 사랑에 빠졌다. 먹지도 못하고 잠도 자지 못했다. 흙의 입자 하나하나가 살아서 내게로 뛰어왔다. 주체할 수 없는 사랑에 나는 당혹스러웠고 불편하기까지 했다. 벗어나고 싶다고 몸부림치면서도 그가 나를 버리고 갈 것 같은 불안감에 휩싸이기도 했다.

 그러나 그런 사랑이 잠시라는 것을 나는 안다. 내가 그를 짝사랑하던 시절이 있었고 그가 나를 숨막히게 사랑하던 시절이 있었으니 이제 내가 그를 배신하든지 그가 나를 배신하든지 하는 일만 남았으리라. 배신감에 치를 떠는 시절이 오리라. 그러나 아직은 그와 나의 사랑이 거기까지는 가지 않았다는 것을 나는 확신한다. 그러나 머지않아 그런 날이 오리라는 것도 확신한다.

 그때 나는 그의 바짓가랑이라도 잡고 징징거려야 할까, 아니면 한번 히죽 웃고 돌아서야 할까.

 분명한 것은 그와 나는 절대로 친구는 될 수 없다는 사실이다.

 사랑이 아니면 적이다. 문학은, 아니 시는.

1997년 8월 인천에서
이   경   림

창비시선 167
시절 하나 온다, 잡아먹자

초판 1쇄 발행/1997년 9월 25일
초판 2쇄 발행/2014년 5월 9일

지은이/이경림
펴낸이/강일우
펴낸곳/(주)창비
등록/1986년 8월 5일 제85호
주소/413-120 경기도 파주시 회동길 184
전화/031-955-3333
팩시밀리/영업 031-955-3399 · 편집 031-955-3400
홈페이지/www.changbi.com
전자우편/lit@changbi.com

ⓒ 이경림 1997
ISBN 978-89-364-2167-0 03810

* 이 책 내용의 전부 또는 일부를 재사용하려면
  반드시 저작권자와 창비 양측의 동의를 받아야 합니다.
* 책값은 뒤표지에 표시되어 있습니다.